SeaEagle

SeaEagle

人人都能成功

每個渴望成功的人，都在讀這本書！

Success Through A Positive Mental Attitude

幫助數百萬人變成富翁的經典之作

「百萬富翁的創造者」拿破崙・希爾寫成這本書，
對人們面臨的煩惱和困惑，各種壓力，
無數兩難的選擇，給出了解答。

熱情推薦

羅斯福總統｜愛迪生｜亨利・福特
洛克菲勒｜安德魯・卡內基

已翻譯成26種文字，在34個國家出版！

亞馬遜書店五顆星讚譽

拿破崙・希爾 Napoleon Hill 著
李慧泉 譯

前言

本書是根據美國成功學大師拿破崙・希爾關於成功人士如何成功的經驗，以及如何引導平凡人成功的方法的文章精心彙編而成。拿破崙・希爾被稱為「百萬富翁的創造者」，他的作品對每個想成功有夢想的人來說，具有重要的意義。

拿破崙・希爾曾經於一九三三年被請進白宮，幫助羅斯福總統主持著名的「爐邊談話」節目，喚醒美國人民從一九二九年經濟大蕭條以來沉睡已久的信心與活力。他的思想、激情、聲音注入到每個美國人的心靈深處，為美國的經濟復甦做出重大貢獻，也成為全球經濟復甦的引導者。

愛迪生曾經這樣肯定拿破崙・希爾關於成功學的工作：「我感謝你花費這麼長的時間完成『成功學』……這是一個很健全的哲學，追隨你學習的人，將會得到很大的益處。」另一位聞名遐邇的人際學大師卡內基說：「我一生最大的成就之一，就是幫助拿破崙・希爾完成他的

『成功學』，這比我的財富更重要。他的成功學，是一個『經濟的哲學』。」還有許多人十分肯定拿破崙‧希爾的成功學，他的成功學已經傳遍美國，傳播至全世界。每個渴望成功的人都在讀他的書，從他的書中學習成功的秘密，獲取信心，汲取力量。

本書選取許多個人成功的案例，透過案例解讀的方法，發揮成功人士榜樣的力量，讓每個讀者可以參照榜樣，找到解決日常問題的方法，以及實現夢想的驅動力。

相信任何一個有夢想的人，都希望自己可以像拿破崙‧希爾和他所寫的成功人士一樣，把普通的人生故事變成偉大的傳奇！

任何一個人，都有機會成功；任何一個人，都有方法富有。如果你想要知道致富的機會和方法，就在本書中尋找吧！

人人都能成功

目錄

一第二章一 想要成功的人為什麼不會成功？

人人都能成功

第四章 要做生活的主人，不當敗將

一第五章一 不斷地精進，才不會失敗

一第六章一 每個人都可以成功的秘訣

第一章

給自己一個成功的理由

所有的成功人士都知道的一件事情

對於你的批評者，你不必太在意，不要忘記：人們從來不會為批評者樹碑立傳，被批評的人卻經常受到這種禮遇。

目標與計畫是取得成功最重要的基礎。你只要想像一下，處於頂峰的麥金納和路易斯被新聞記者問及他們是如何取得成功的，他們也許會回答：「噢，很簡單，我們從前天就開始跑了……」

不，所有的成功人士一直很清楚自己想要什麼。當然，你不可以因此成為「成功妄想症患者」。對這樣的「患者」而言，只有成功才是唯一，他們認為只有實現目標，自己才會找到幸福。然而，實現目標只會帶給他們一秒鐘的幸福，然後就消失了。也就是說，你必須學會享受奮鬥過程中帶來的快樂與幸福，套用一句道家的話：「道即是到。」

每條道路都有開始、有方向、有結束。沒有目標就沒有道路，因此你要透過確立明確的目標使自己知道：我將去何方！但是不要抱持這種想法，認為只有在達到目標的時候自己才會幸福。許多人把實現目標看作是人生中最重要的事情，即使他們達到目標，也無法盡情享受成功的快樂，因為他們又踏上通往另一個頂峰的征程。

例如：麥金納確立目標，要戰勝某一座高山。他堅持這個目標，制定具體的計畫——時間進度表，最終他實現目標，取得成功。這個時候，他會休息一段時間，開始去各地進行演講，接著讓自己放鬆，享受成功帶來的快樂，然後再次確立新的目標。

你要這樣想：並非在實現目標的時候才會幸福，應該為有機會努力工作以實現下一個目標而感到快樂！如果一個人只是不斷地追逐目標，儘管在別人的眼裡他是成功的，但是他不會感到幸福。

並非每個為「免遭解雇而努力工作的人」都熱愛自己的工作，正好相反，這樣的人很有可能只是被工作佔有，成為工作的奴隸，他們依賴工作，對工作上癮了。

首先要有目標，然後你必須在向目標邁進的途中獲取幸福。

你願意當懦夫，還是希望闖一闖？

自卑如果可以被超越，就會成為我們成功做事的本錢。只要改變心態，將自卑變為奮發的動力，就可以走向成功和卓越。戰勝自卑的心態，就是戰勝那個失去信心的自我。失去自信通常可以分為兩種情形：一種是之前所說的暫時性失去信心，一種是從小養成的根深蒂固的自卑感。自卑感並非無法克服，就怕你不去克服。在這個世界上，許多成功者都是在克服自己的自卑以後走向成功，他們可以，你也可以。

例如：與比自己優秀的人相處的時候總是覺得自己能力不足而坐立不安，這就是自卑心理造成的。如果不設法克服，這種想法會經常給你帶來困擾。

曾經有一個推銷員，他在開始從事這個工作之前，也經常為自卑感到苦惱。只要他站在某位成功人士面前，就會變得侷促不安，緊張地不知道在說什麼。但是最後，他終於利用以下的方法，克服這種困難：

他在開始從事推銷工作之初，非常膽怯，雖然對方親切地款待他，但是他覺得在對方面前自己變得很渺小。他透露當時的心情說：「在那些人面前，我覺得自己像一個小孩。由於自卑心理作祟，我的頭腦裡一片空白，原本已經演練多遍的推銷辭令變成雜亂無章的喃喃自語。在那些人面前，我覺得自己不斷地縮小，他們變成可怕的巨人！」

「但是我沒有讓這種現象持續下去，因為我警覺到如果不想辦法扭轉局勢，這種工作再做下去也沒有什麼意思。而且那個時候，我也快要被自卑感逼至崩潰邊緣，但是我又想，把他們看作是穿開襠褲的小孩又會是什麼情況？」

「自從我開始有這種想法，我立刻開始嘗試，沒想到效果非常好。當然，他們不是真的變成小孩子，只是在我的眼裡，他們變成十多歲的小夥子。然而，事情真的有所轉變，他們像朋友一般，說起話來非常自然。我也是一樣，自從可以站在平等立場與他們交談之後，我的心情變得輕鬆自然。從此之後，我的觀念有一百八十度的轉變，自卑感也不見了！」

自卑是自信的俘虜，建立自信之後，自卑就會煙消雲散。想要建立自信，就要像清掃街道一樣，首先將相當於街道潮濕角落的自卑感清除乾淨，然後建立信心，並且加以鞏固。如果信心得以建立，新的工作機會就會伴隨而來。

在建立信心的過程中，首先要觀察自己的自卑感相當於之前提到的哪一種，找到相似之處以後，就要立刻溯其根源。你會發現，自己的自我主義、膽怯、憂慮，以及認為比不上別人的感覺小時候已經存在，自己和家人、同學、朋友之間的衝突就是這些否定感覺充塞敏感之心而導致。

如果對此可以有所瞭解，就等於踏出克服自卑感的第一步。為了證明你不再是孩子，如果可以將小時候不愉快的記憶從內心消除，表示你又向前邁進一步。

成長需要經歷一個過程，在掃除自卑障礙的同時，可以將自己的興趣、嗜好、才能、專長全部列在紙上，就可以清楚地看到自己擁有的東西。此外，也可以將自己做過的事情製成表格，例如：你會寫文章，記下來；你善於談判，記下來；你會打字，你會彈奏樂器，你會修理機器，都可以記下來，知道自己會做哪些事情，再去和同年齡的人進行比較，就可以瞭解自己的能力。

是什麼阻礙你的幸福與成功？

每次失敗的經歷都會使你變得更成熟，有所成長。

如果你可以從失敗中吸取一些教訓，表示你正在接近成功。然後，在自己取得的經驗基礎上向前邁出最重要的一步，採用新的措施、新的行動方式，朝著既定目標努力，就可以取得更好的成績。行動，從結果中汲取經驗和教訓，再重新行動，絕不放棄，直至實現目標——這實在太重要了！

實際上，失敗只有兩種形式：從來不開始、放棄！

如果一個人的骨頭斷了，可以再生：斷骨拼合在一起，重塑自身，共同成長，並且最終痊癒。人類的軀體有無限的智慧，不僅可以使受傷的骨頭重新生長，而且對其格外惠顧，實行「特別補償」，也就是說，重生部位的骨頭比以前更結實強壯。我們可以用此進行類比：如果你失敗了，但是可以從失敗中汲取教訓並且採取新的對策，就會因為失敗而變得更強壯。這種

人人都能成功

不畏挫折、不怕失敗的能力，是一種優秀的品格，應該得到別人的尊敬。這種品格不僅對於我們取得成功是最重要的性格特徵，也是獲得幸福生活的重要因素。

每個人都可以在明天完成今天無法完成的事，都可以在明天成為今天無法成為的人。因為「無所不能」，所有的一切都是可以習得的。沒有人生下來就是天才，為了讓自己成為天才，你今天就要做出決定。

未來不是屬於懦夫，而是屬於勇者。

既然當一位輸家與當一位贏家需要同樣的精力，為什麼不立刻下定決心，以勝利者的身分走過一生？是什麼阻礙你在生活的所有領域獲得頂尖的成功？是什麼阻礙你得到幸福與滿足？不管怎樣，你可以在人生的任何時刻做出決定，讓自己在一秒鐘之內發生變化。

如果在過去的幾十年中，你每天早晨都是七點起床，不必在以後的幾十年也在同樣的時刻起床。你可以從現在——就從今天——做出決定，每天早晨早起十五分鐘，讀一本書，看一部電影，或是聽一首歌曲。

為了這個改變，你要做的只是一個非常明確的決定，所有那些與此相關的行動就會伴隨它而來。為了不讓你的過去決定你的未來，首先你必須明白：你自己才是確立目標的人，你自己才是給你的人生指明方向的人，你自己才是構築你的夢想或是壓制你的夢想的人。正是你決定自己是採取積極行動還是消極地等待，你自己才是決定勇敢地向前看還是悲慘地向後望的人。是你自己在決定，會遇到的是問題和風險還是機會與挑戰。是你自己在決定，把失敗看作機會與經驗，還是獨自忍受臆想中的失敗帶來的自我折磨。

你在這個世界上唯一必須向其負責的人就是你自己。因此從現在開始，你可以停止為以往的錯誤決定尋找什麼藉口。如果你總是重複從前的做法，得到的只會和從前一樣。

成功是為可以堅持到最後的人準備的

我們不缺乏遠大目標，缺乏的是腳踏實地；我們不缺乏冒險精神，缺乏的是成功的基石；我們不缺乏充沛體力，缺乏的是毅力和忍耐。因為不知道距離成功有多遠，我們經常眼看著就要接近終點卻又放棄了。

有一個年輕人好不容易得到一份工作，被派到一個海上油田鑽井隊。首次在海上作業的時候，領班要求他在限定的時間內，登上幾十公尺高的鑽油台上，將一個包裝盒子交給最頂層的主管。他小心翼翼地拿著盒子，快步登上狹窄的階梯，將盒子交給主管。主管看也不看，只在盒子上簽名，然後叫他立刻送回去。他又快步地跑下階梯，將盒子交給領班，領班也在盒子上簽名，又叫他送上去交給主管。他疑惑地看了領班一眼，還是依照指示將盒子送上去。

第二次爬到頂層的他已經氣喘如牛，主管仍舊默不作聲地在盒子上簽名，示意他再送下去。他的心中開始有些不悅，無奈地轉身拿起盒子送下去。他再次將盒子交給領班，領班依舊簽名以後又要他送上去，此時他已經有些生氣，他瞪著領班，強忍住火氣沒有發作，抓起盒子生氣地往上爬。到達頂層的時候，他已經全身濕透了。他將盒子遞給主管，主管頭也不抬地說：「將盒子打開吧！」此時，他再也忍不住滿腔怒火，重重地將盒子摔在地上，然後大聲地吼道：「我不做了！」

這個時候，主管從座位上站起來，打開盒子拿出香檳，嘆了一口氣對他說：「剛才你所做的一切，叫做極限體力訓練，因為我們在海上作業，隨時可能會遇到突發的狀況及危險，因此每位隊員必須具備足夠的體力與配合度，以面對各種考驗。前兩次你都順利過關，只差最後一步就可以通過測試，實在很可惜！看來你無法享受到自己辛苦帶上來的香檳，現在你可以離開了！」

睡覺和吃飯是我們日復一日的活動，沒有人會對此感到厭煩，但是我們經常對不斷重複的工作失去耐心，這是因為我們沒有意識到工作也是我們生存的基本條件。簡單的重複是對熟能生巧的一種鍛鍊，只要你在工作中注入感情，單調的工作也會充滿樂趣，成功是為可以堅持到最後的人準備的。

思考方法正確，可以讓人獲得巨大的威力

你最好在心理上做準備，使自己瞭解，要成為一個思考方法正確的人，必須具備堅定的性格。思考方法正確，有時候會受到某種大量的暫時性懲罰，對於這個事實無須否認，但是由於思考方法正確而獲得的補償性報酬，整個合計起來，將是如此巨大，因此你將會樂意接受這項懲罰。

埃爾默・蓋茲博士可以把這個世界變成更理想的生活所在，就是依靠創造性的思考。蓋茲博士是美國的教育家、哲學家、心理學家、科學家、發明家，他一生中在各種藝術和科學上做出許多發明，也有許多發現。蓋茲博士的個人生活證實他鍛鍊腦力和體力的方法可以培養健康的身體，並且促進心智的靈活。

拿破崙・希爾曾經帶著介紹信，前往蓋茲博士的實驗室去見他。希爾到達的時候，蓋茲博士的秘書告訴他：「很抱歉……這個時候，我不能打擾蓋茲博士。」

「要過多久才可以見到他？」希爾問。

「我不知道，可能要三個小時。」她回答。

「請你告訴我，為什麼不能打擾他，好嗎？」

她遲疑了一下，然後說：「他正在靜坐冥想。」

希爾忍不住笑了：「那是什麼意思啊——靜坐冥想？」

她笑了一下說：「還是請蓋茲博士自己來解釋吧！我真的不知道要多久，如果你願意等，我們很歡迎；如果你想要改天再來，我可以留意，看看是否可以幫你約一個時間。」

希爾決定等下去，這個決定真是值得。以下是希爾所說的事情經過：

蓋茲博士終於走進房間的時候，他的秘書為我們介紹，我開玩笑地把他秘書說的話告訴他，他看過介紹信以後高興地說：「你想不想看看我靜坐冥想的地方，並且瞭解我怎麼做嗎？」於是，他帶我到一個隔音的房間，這個房間裡唯一的家具是一張桌子和一把椅子，桌子上放著幾本白紙，幾支鉛筆以及一個可以開關電燈的按鈕。

在談話中，蓋茲博士說他遇到困難而百思不解的時候，就會走到這個房間，關上房門坐下，熄滅燈光，讓全副心思進入深沉的集中狀態。他運用這種「集中注意力」的方法，要求自己的潛意識給他一個解答，無論什麼都可以。有時候，靈感似乎遲遲不來；有時候，似乎立刻湧進他的腦海；有時候，至少要花費兩個小時才會出現。等到念頭開始澄明清晰，他立刻開燈把它記下。」

埃爾默・蓋茲博士曾經重新研究其他發明家付出努力卻沒有成功的發明使它們盡善盡美，因而獲得兩百多種專利權。他就是可以加上那些欠缺的部分——另外的一點東西。

蓋茲博士特別安排時間以集中精神思索尋找另外一點。此外，他很清楚自己要什麼，並且立刻採取行動，因此他獲得成功。

由此看來，正確的思考方法具有巨大的威力。怎樣才可以養成正確的思考方法？拿破崙・希爾告訴我們，首先要培養注意重點的習慣；其次要看清事實，尊重真理；正確評價自己和別人。此外，還要善於投資，有建設性的思想。

想要有怎樣的成就，就要先有怎樣的夢想

你輸了，不是輸給別人，而是輸給自己。

美國《運動畫刊》登載一幅漫畫，畫面是一個拳擊手累癱在練習場上，標題為《最難擊敗的對手竟然是自己》，這個標題實在耐人尋味。

一個成績優秀的年輕人去報考一家公司，結果名落孫山。他得知這個消息以後，深感絕望，頓生輕生之念，幸虧搶救及時，自殺未成。不久傳來消息，他的考試成績名列榜首，是統計分數的時候電腦出現問題，他被公司錄用了。但是很快又傳來消息，他被公司解聘了，理由是：一個人無法承受這種微小的打擊，怎麼可能在今後的職位上建功立業？

這個年輕人雖然在分數上擊敗其他對手，卻沒有打敗自己心理上的敵人。他的心理敵人就是害怕失敗，對自己缺乏信心，遇到事情就給自己製造心理上的緊張和壓力。

人人都能成功

以下也是一個令人難忘的真實故事：

主角是一個男孩，生長於舊金山的貧民區裡，從小因為營養不良而罹患軟骨症，在六歲的時候，雙腿變成「O」字形，小腿更是嚴重萎縮。然而，在他幼小的心靈中，藏著一個除了他自己，沒有人相信會實現的夢想——有一天，他要成為美式足球的全能球員。

他是傳奇人物吉姆・布朗的球迷，只要吉姆所在的克里夫蘭布朗隊與舊金山四九人隊在舊金山比賽的時候，他就會不顧雙腿的不便，到球場為心中的偶像加油。由於他窮得買不起票，所以只有等到全場比賽快要結束的時候，才可以從工作人員打開的大門溜進去，欣賞最後剩下的幾分鐘。

十三歲的時候，這個男孩在一家霜淇淋店裡，終於有機會與心中的偶像面對面接觸，那是他多年以來最期望的一刻。他大方地走到這位明星的面前，朗聲地說：「布朗先生，我是你最忠實的球迷！」吉姆・布朗和氣地向他說了一聲「謝謝」。

這個男孩接著又說：「布朗先生，你知道一件事情嗎？」

吉姆轉過頭來問：「小朋友，請問是什麼事情啊？」

男孩神情自若地說：「我記得你創下的每項紀錄，每次的布陣。」

吉姆・布朗十分開心地笑了，然後稱讚他：「真是不簡單。」

這個時候，男孩挺起胸膛，眼睛閃爍著光芒，充滿自信地說：「布朗先生，有一天我要打破你創下的每項紀錄！」

聽完男孩的話，布朗——這位美式足球明星，微笑著對他說：「好大的口氣。孩子，你叫什麼名字？」

男孩得意地笑了，說：「布朗先生，我的名字是奧倫塔爾•辛普森，人們都叫我O•J•。」

我們會成為怎樣的人，會有怎樣的成就，就是在於先有怎樣的夢想。奧倫塔爾•辛普森日後確實如他少年時期所說的那樣，在美式足球場上打破吉姆•布朗創下的所有紀錄，同時也創下一些新的紀錄。

兩個故事，兩種人生。出類拔萃的青年才俊，輸給自己內心的怯懦；從小罹患軟骨症的男孩，卻成為優秀的美式足球明星。是什麼決定兩者截然不同的命運？是因為前者對自己充滿懷疑，不敢面對人生道路上的任何風雨；後者卻意志堅定，將命運掌握在自己的手裡。「我們會成為怎樣的人，會有怎樣的成就，就是在於先有怎樣的夢想。」請記住文中的兩個故事，記住以上引用的那句擲地有聲的真理！

挑戰自我，成就不一般的人生！

狹隘的人永遠沒有機會進步

開放的心自由自在。如果你的心過於封閉，不能接受別人與新的觀念，就等於鎖上一扇門，禁錮你的心靈。

褊狹是一把利刃，切斷許多機會及溝通的管道。打開你的心，讓想像力自由翺翔，培養豐富的創造力。

一百多年以前，萊特兄弟嘗試飛行的時候，受到人們的嘲笑。不久之後，有人成功地飛越大西洋。到現在，如果有人預言人類將會移民到月球上，很少人會懷疑它的可行性。故步自封的人，反而會受到人們的輕視。

封閉的心像一潭死水，永遠沒有機會進步。

擁有開放的心，才可以對自己的信念堅定不移，堅信沒有做不到的事情。思想開朗的人，在各行各業都有傑出的表現，故步自封的愚者仍然高聲喊著：「不可能！」

你應該善用自己的能力。你是否經常說「我可以」和「我做得到」，還是只會說「沒辦法」，但是在此時別人已經做到了。

只有對自己、對自己的夥伴和造物者、對宇宙有信心，才可以擁有開放的心。

迷信的時代已經過去了，但是偏見的陰影依然籠罩著這個世界。檢討自己的個性，就可以撥雲見日。你的決定是否理性而且合乎邏輯，不會受到情緒及偏見的影響？對於別人的言論，是否可以專注地傾聽和思考？你是否會去求證事實，不相信道聽塗說和謠言？

我們的心必須不斷接受新的想法和刺激，否則就會枯萎。戰爭中，將軍經常使用洗腦的方式，改造敵人的思想。如果想要徹底孤立一個人，就要切斷書籍、報紙、收音機、電視等所有外界的資訊來源。在此種情況下，智慧因為缺乏營養而死亡，可以使一個人的意志力迅速崩潰。

你是否把自己的心關在社會及文化的集中營裡？你是否阻礙所有成功的思想，對自己進行洗腦？若是如此，現在是掃除偏見的時候。

感恩，讓你的未來和現在不一樣

一位成功人士曾經說：「是感恩的心改變我的人生。我清楚地意識到自己沒有任何權利要求別人的時候，我對周圍的點滴關懷充滿強烈的感恩之情。我竭力回報他們，我竭力讓他們快樂。結果，我不僅工作得更愉快，獲得幫助也更多，工作更出色。很快地，我在公司獲得加薪升職的機會。」

每份工作或是每個工作環境都無法盡善盡美，但是每份工作中都有自我成長的喜悅。每天滿懷一顆感恩的心，始終記住「擁有一份幫助，就要懂得感恩」的道理，就可以收穫許多。

在生活中，不管做任何事情，都要把自己的心態歸零：把自己放空，抱持學習的態度，將每次都視為一個新的開始，一次新的經驗，不要計較一時的得失。擁有健康的心態以後，無論做任何事情都可以心甘情願、全力以赴，機會來臨的時候才可以順水推舟、如魚得水。不要覺得食之無味，棄之可惜，結果做得抱怨連連、心存怨恨。

帶著從容坦然、感恩喜悅的心去工作和生活，你會獲取最大的快樂。

一份感恩的心情基於一種深刻的認識：國家為你提供一個和平幸福的國度，公司為你提供一個廣闊的發展空間和施展才華的舞台，父母給你來到這個世界成長和競爭的機會。你對這一切，都要心存感激，並且力圖回報。

你要承擔感恩父母養育你的責任。你要喜愛公司賦予你的工作，全心全意、不留餘地為公司增加效益，完成公司分派給你的任務，同時注重提高效率，為公司的發展規劃構思設想。

遭遇到不公平對待的時候，要相信這只是公司的暫時失誤，或是公司對你的檢測和考驗。公司的某些制度和你的基本利益衝突的時候，必須正確理解這一切，充分相信公司的「智慧」和「眼光」。公司面臨經濟困難的時候，也要想辦法幫助公司度過難關，而不是懦夫般地棄它而去。

家人、同事、朋友是你生命舞台中的成員，是社會的基本組成要素，你對他們的寬容和愛心，可以表現出你對生活的熱愛。他們是你生命中的貴人，是幫助你成功最堅實的力量，對於他們的點滴幫助，你要學會說「謝謝」，沒有他們，你將會孤獨無助。

有付出，必有回報。滿懷感激地承擔責任而努力工作的時候，你的未來就會和現在不一樣。

化不滿為靈感，拿破崙・希爾的快樂成功法則

拿破崙・希爾在講述「快樂成功之道」的課堂上，談到把熱情帶入工作中的原則。這個時候，一位坐在教室後面的年輕女士站起來說：「你說的那些，對一個有工作的男人也許很好，可是對於家庭主婦卻沒有用。男人每天都會遇到新奇有趣的挑戰，家庭主婦卻不同，家事實在太單調了。」

對拿破崙・希爾來說，這也是一個挑戰——許多人的工作很「單調」。如果他可以幫助這位年輕女士，就可以幫助其他認為工作是例行公事的人。拿破崙・希爾問這位女士，是什麼令她感到做家事如此單調。她說：「鋪好了床單，立刻又弄髒了；刷好了碗盤，立刻又用髒了；拖好了地板，立刻又踩髒了。做這些瑣事的目的，似乎只是為了再次弄亂。」

「聽起來真是令人洩氣！」拿破崙・希爾也很同意。「有沒有喜歡做家事的女性？」

「哦，大概有吧！」這位女士說。

「她們從中發現什麼樂趣，以至於如此興致勃勃？」

這位女士想了一會兒，然後說：「也許是她們的態度吧！她們不覺得自己的工作很呆板，她們好像看得出例行公事以外的東西。」

這就是問題的關鍵。獲得工作樂趣的秘訣之一，就是「從工作中看到例行公事以外的東西」。每個人都知道自己的工作「朝向一個目標」。因此，無論你是家庭主婦還是文件管理員，是加油站的員工還是公司的老闆，情形都是一樣——只有把例行公事看作通往目標的墊腳石，才可以在工作中獲得真正的滿足。

因此，拿破崙・希爾請這位女士設置一個自己真正喜歡的目標，這位女士談到她想要和家人一起去環球旅行。

「好啊，」拿破崙・希爾說：「你訂下一個期限，想要什麼時候出發？」

「等我的孩子十二歲的時候吧，」這位女士說，「還要再過六年。」

「好，這必須妥善準備。你需要存錢，要有一個旅遊計畫，研究你想要去的國家……」拿破崙・希爾微笑著說：「從今天開始，你是否可以想辦法使鋪床、洗碗、拖地、煮飯這些瑣事變為你通往目標的墊腳石？」

幾個月以後，故事中的女主角回來探望同學們。在她走進來的時候，拿破崙・希爾立刻感覺到這是一位自信又自豪的女士。

「太不可思議了。」這位女士告訴拿破崙・希爾，「這個方法太好了！我竟然找不出什麼瑣事不能適用。我把掃除的時間用來思考和計畫；買東西的時候努力擴展眼界——盡量買一些外國食物，那些我們在旅途中要吃的食物；我利用吃飯的時間上課。比方說要吃中國麵，我會閱讀中國風土人情的資料，然後吃晚飯的時候向家人報告。現在我做家事的時候，再也不像以前感覺那麼單調，相信以後也不會，真是要感謝你們的『墊腳石理論』。」

無論工作多麼單調、多麼累人，如果可以在它的盡頭看到自己的目標，這項工作就可以給我們帶來滿足。然而，某項工作也許需要付出很大的代價才可以完成。假如你的工作正是如此，不如換一個工作，因為對工作的厭倦會滲透到生活中的每個角落。

破繭而出，才可以變成一隻美麗的蝴蝶

人生中，權力、金錢、名聲有如許多鎖鏈，影響我們的思想和行為。其實，如果越過雷池，更有無限風光。只有把臍帶剪斷，新生命才會真正誕生。

有一個登山者，想要登上世界第一高峰。經過多年的準備之後，他開始征服的旅程。但是他希望完全由自己獨得全部的榮耀，所以他決定獨自出發。他開始向上攀爬，天已經很晚了，他不僅沒有停下來準備帳篷露營，反而繼續向上攀爬，直到周圍變得非常黑暗。

這個時候，到處黑漆漆一片，登山者什麼都看不見。即使這樣，他還是繼續向上攀爬。就在距離山頂只剩下幾公尺的地方，他滑倒了，而且迅速地跌下去。跌落的過程中，他只能看見一些黑色的陰影，只能感受到一種被地心引力吸引而快速向下墜落的恐怖。

他不斷地往下墜，就在這個極其恐怖的時刻裡，他的一生，無論好與壞，一幕一幕地呈現在他的腦海中。他一心一意地想著，死亡正在快速地接近他的時候，突然之間，他感覺到繫在腰間的繩子，重重地拉住他。他被吊在半空中，那根繩子是唯一拉住他的東西。

在這種求助無門的境況中，他毫無辦法，只好大聲呼叫：「上帝啊！快來救我！」

突然之間，從天上傳來低沉的聲音：

「你要我做什麼？」

「上帝！快來救我！」

「你真的相信我可以救你嗎？」

「我當然相信！」

「割斷繫在你腰間的繩子。」

在短暫的寂靜之後，登山者決定繼續全力抓住那根救命的繩子。

第二天，搜救人員找到登山者的遺體——已經凍得很僵硬，他的屍體掛在一根繩子上。他的手也緊緊地抓著那根繩子……在距離地面只有一公尺的地方。

你在不斷地編織各種關係網的時候，是否想過：這些網會把你圍在中央，密不透風，你會變成繭中的幼蟲——這就是人們經常說的作繭自縛。

你只有鼓足勇氣，破繭而出，才可以變成一隻美麗的蝴蝶。

你將會成為怎樣的人，全部由你自己創作

沒有人是完美的，你就是你自己。無論是做大事還是處理日常生活中的小事，都要有真正的自我。

有一位漂亮的公主，從小被巫婆關在一座高塔裡。巫婆每天對她說：「你的模樣很醜，看到你的人都會害怕。」公主相信巫婆的話，害怕被別人嘲笑而不敢逃走。直到有一天，一位王子經過塔下，讚嘆公主貌美如仙並且救出她。

實際上，囚禁公主的不是高塔，也不是巫婆，而是公主認為「自己很醜」的錯誤認識。我們或許正在被其他人矇蔽。例如：父母和老師說你笨，沒有前途，你就相信了，自卑了，不就像那位公主一樣愚蠢嗎？

有些人認為罹患不治之症是人生最大的悲劇，有些人認為沒有考上大學是人生最大的不幸。其實，我們最大的悲劇與不幸在於我們活著卻不知道自己有多大的潛能和應該做什麼，不

懂得用自己的方法處理自己的問題，很容易人云亦云。

認清自己，就知道自己適合做什麼，不適合做什麼，長處是什麼，短處是什麼，進而做到自知，在社會中找到自己適當的位置和符合自己條件的做事方式，使自己的天賦和能力得到充分的開發和利用。

卓別林開始拍電影的時候，導演堅持要他去學習當時非常有名的一個德國喜劇電影演員的風格。卓別林嘗不到成功的滋味，非常苦惱。後來他意識到，必須保持自己的本性。經過不懈的努力，他終於創造一套自己的表演方法而名垂青史。

美國歌星金・奧崔剛出道的時候，極力想要改掉他德州的鄉音，使自己像一個城裡的紳士，結果卻受到人們的恥笑。後來，他終於醒悟過來，開始利用自己的音色唱西部歌曲，終於一舉成名。

索凡石油公司人事部經理麥克曾經接待六萬多個求職者，在他的《謀職的六種方法》一書中，他指出：**來求職的人犯下的最大錯誤，就是沒有保持本性。他們不以真面目示人，不能完全坦誠地回答你的問題。可是這種做法完全沒有用，因為沒有人願意要偽君子，正如沒有人願意收假鈔票一樣。**

在美國一所學校的一間教室的牆上，刻著一句話：「在這個世界上，你是獨一無二的。生

下來你是什麼？這是上帝給你的禮物；你將會成為什麼？這是你給上帝的禮物。」

「上帝」給你的禮物，我們無法選擇，你給「上帝」的禮物——你將會成為什麼，卻全部由你自己創作，主動權在你的手裡。只要我們懂得認識自我、接納自我、堅持自我，並且不斷地激勵自我、控制自我，我們就可以完善自我、超越自我！

很多人不缺少機會和才華，但是因為缺少對自己的認識和對自己的堅持，與成功失之交臂。**義大利著名的皮衣商安東尼・迪比奧在談到自己成功經驗的時候，感慨地說：「我不是一個天生的成功者，許多人都比我更聰明、更有才華，我唯一比他們強的只是我更懂得堅持自我。」**

在這個世界上，每個人都可以獲得成功，但是不同的人的成功方法是不一樣的。只有認識自我、駕馭自我、超越自我，才可以戰無不勝，從平庸走向成功！

命中註定的事情，都是藉口中誕生的事情

相信，你就可以看見。世界上第一名的暢銷書《聖經》這樣說。

一個球員如果不相信他的球隊可以獲勝，事實上他已經輸掉這場比賽；一個醫生如果不相信他的病人可以痊癒，事實上這個病人已經死定了；推銷員如果不相信自己推銷的產品，他的產品永遠賣不出去。

相信你自己，你就會變得豁達陽光而充滿智慧；相信你的公司、你的主管、你的同事、你的工作，你就可以卓越成長；相信你的戀人，你就會擁有健康的愛情；相信信念與寬容，你就可以創造每個生命中的奇蹟。

一個人是否可以取得優異的成績，最重要的因素不是運氣——一個人的運氣不可能永遠都很好；也不是背景——比爾・蓋茲、傑克・威爾許都沒有什麼背景；也不是機會——不管多麼倒楣的人，也會遇到幾次絕佳的機會；也不是能力——世界上到處都是有才能的窮人；也不是

貴人相助——有些像阿斗那樣的人，永遠扶不起來；更不是命中註定——人們出生的區別只是男和女，但是死的時候卻不盡相同。

究竟是什麼？兩個字：相信。

相信，你就可以看見。相信不能保證一定會贏，但是不相信卻一定會輸。如果相信成為你內心的主宰，力量就會隨之而來，此時的相信就會成為信念，一種真正的精神動力：

「我們一定會贏，我們一定會贏！」

「有我在，手術一定會圓滿成功！」

「我推銷的產品絕對是一流的，我是頂尖的客戶顧問，客戶一定會喜歡我！」

「我對我們的團隊很有信心，我堅信我們永遠都是No.1！」

「我喜歡和熱愛我的工作，我可以做得非常出色！」

「我對自己很有信心，沒有什麼可以阻擋我！」

很多人只是在看見以後才相信，真正的冠軍通常在看見以前就百分之百相信，他們在失敗以後對自己的目標仍然堅信不疑。

有強大的信念，你就會發現自己的運氣越來越好——正所謂，天助自助者。

沒有背景有什麼關係——優秀的人通常都是可以創造後天背景的人。

人人都能成功

機會總是有些勢利——它們總是青睞那些有信念的人。

能力是信念的產物——在信念的帶動下，你的能力會發揮得淋漓盡致。

你生命中的貴人層出不窮——而且，你也有可能是別人生命中的貴人。

忘掉宿命論——命中註定的事情，都是藉口中誕生的事情。

切記，懷疑也是一種相信，它是另一種相信的開始。如果你對身邊的一切不太肯定，那要恭喜你，因為只要你願意去求證它們，你很快就會驚訝地發現：快速成長中的你，就是一個命中註定的勝利者。

第二章

想要成功的人為什麼不會成功？

想要成功的人為什麼不會成功？

有人說：「我想要戒菸。」

你立刻問他：「是想要，還是一定要戒菸？」

他說：「我想很久了，但是還沒有戒掉。」

你立刻問他：「你到底什麼時候要戒菸？」

他說：「我現在就要戒菸，而且一定要。」

結果，這個人戒菸成功了。

大多數的人經常說「我想要改變」、「我想要成功」，這是無法改變的，也無法成功的。如果不相信，你去問任何一個人：「想不想成功？」他都會告訴你：「想。」你再問他：「想多久了？」他都會告訴你：「每天在想，想幾十年了。」

只是想，為什麼沒有用？因為只是想，不是一定要，想要和一定要不一樣，只有一定要的人才會成功。

還有很多人說：「我認為，我應該改變了」，這也是沒有效果的，因為應該做的事情通常不會去做，只有必須做的事情才會去做。不要告訴自己應該做到，要告訴自己必須做到。

很多人在做事的時候，你問他：「是否可以達成任務？」他總是說：「我盡力吧！」你聽到這句話，就會覺得他一定做不到，因為這是沒有信心與決心的表現。

從今以後，不要說「盡力」這兩個字，要說「全力以赴」，才可以讓你真正全力以赴，而不只是盡力而已。

還有一些人喜歡說：「我盡量吧！」這句話其實是在告訴別人：「我不一定做得到。」

從今以後，不要說「盡量」這兩個字，因為它不會幫助你成功，要說「絕對要」，才可以幫助你達成目標。

還有很多人喜歡說：「我試試看吧！」或是「我希望可以……」「差不多吧！」「也許可以吧！」從今以後，把這些話全部趕出你的心裡，要說：「我一定要！」「我肯定要！」「我絕對要！」「我必須要！」

如何建立積極的財富態度？

生活的根本不是在於誰先抓到好牌，而是在於誰可以把手中的壞牌打好。態度消極的人，對於任何問題或阻礙只會束手無策；態度積極的人，不僅會想盡辦法克服阻礙，而且可以將它們變成通往成功道路上的墊腳石。

路易斯安那州有一片土地待價而沽，只有兩個人參加投標。第一個人是擁有毗鄰土地的地主，他開價很低，因為那裡大部分都是竹林，降低了土地的價值。另一個人卻出了兩倍的價錢，他買到土地之後，把竹子鋸掉製成釣竿出售，收入足以支付土地的款項！

積極的態度可以招來成功的機會，消極的態度卻把機會趕走了。

伍爾沃斯是一家五金行的店員，每年盤點存貨的時候，發現店裡囤積許多已經過時，甚至無法再使用的貨品，金額高達數千美元。

「我們舉辦一次拍賣，」他向店主建議，「把舊的貨品全部賣掉。」

店主拒絕他的提議，但是伍爾沃斯不死心，他極力說服店主，最後店主只同意他試賣一些非常舊的存貨。

他們在店裡擺了一個長桌子，放在上面的每樣東西，標價都是十分錢。東西很快就賣完了，店主讓伍爾沃斯進行第二次拍賣，仍然搶購一空。

他向店主提議，兩人合夥開一家五金行，所有的東西只賣五分錢或十分錢，由店主出資，伍爾沃斯負責經營管理。

「不行！」店主吼道，「這個計畫絕對行不通，因為你找不到那麼多只賣五分錢或十分錢的東西。」

伍爾沃斯自己開店，賺了許多錢。他開始用自己的名字，經營大型的連鎖店。幾年以來，談到這件事情，伍爾沃斯的舊東家悔不當初地說：「我算一算，當時我對伍爾沃斯說的那些話，每個字大約使我損失一百萬美元。」

態度消極的人有很多相似的特質：恐懼、優柔寡斷、懷疑、做事拖延、脾氣暴躁，他們使別人敬而遠之，失去許多有利的機會。態度積極的人充滿信心、熱忱、激發個人的動力、自律、想像力豐富，而且堅持目標，使別人樂於親近與合作，他們總會得到許多有利的機會。

如何建立積極的態度？思考或進行每項計畫或目標的時候，都要相信自己「做得到」，拒絕接受「做不到」的說法。

如何讓自己的收入倍增？

如何讓你的收入加倍？

克萊門特‧史東到亞太地區出差。一個星期二，史東接受澳洲墨爾本商會的邀請，發表一篇演說。星期四晚上，他接到一通電話，那是一家銷售金屬櫃的公司經理愛德恩‧伊斯特。他興奮地說：「發生一件奇妙的事情！」

「什麼事情？」

「你在星期二的演講中，推薦十本勵志書籍，其中包括《思考與致富》。那天晚上我看了那本書，第二天早上我又看了很多遍。我在一張紙上寫著：我的主要目標是——今年的業績比去年加倍。奇妙的是，我在四十八小時之內做到了。」

「你怎麼做到的？」

伊斯特回答：「你的勵志演講中，提到保險公司業務員亞爾‧艾倫的故事。你說，立刻去做！我找出十個已經被放棄的客戶，分別提出更好的計畫書，複誦數次『立刻去做』。用積極的態度再次拜訪這十個客戶，結果做成八筆生意！」

伊斯特聽了艾倫的故事之後，立刻身體力行。如果你還不知道應該如何運用積極的態度，我們提醒你——立刻去做！

立刻行動，可以實現你最大的夢想！

曼利·史威茲喜歡打獵和釣魚，他最大的快樂是帶著釣竿和來福槍進入森林，幾天之後，帶著一身的疲憊和泥濘，心滿意足地回來。

他唯一的困擾是：這個嗜好佔去太多的時間。有一天，他依依不捨地離開宿營的湖邊，回到現實的保險業務工作，突然有一個想法：荒野之中，也有人需要購買保險。如此一來，他外出狩獵的時候，也一樣可以工作！果然，阿拉斯加鐵路公司的員工正是如此，散居在鐵路沿線的獵人和礦工也是他的潛在客戶。

他立刻做好計畫，坐船前往阿拉斯加。他沿著鐵路來回數次，「步行的曼利」是那些與世隔絕的人們對他的暱稱。他受到熱切的歡迎，他不僅是唯一和他們接觸的保險業務員，更是外面世界的象徵。除此之外，他免費教他們理髮和烹飪，經常受邀成為座上賓，享受佳餚。他在短短一年之內，業績突破百萬美元，同時享受登山、打獵、釣魚的無上樂趣，把工作和生活做到最完美的結合！

如果他在夢想出現的時候，沒有立刻行動，可能因為一再猶豫，無疾而終。

立刻去做，可以應用在人生的每個階段。給自己一封信，坐下來寫一封信給自己，述說自己想要做的事情和計畫。立刻去做！

只要你邁出一步，距離成功就會更近一步。

無論你現在如何，用積極的態度去行動，就可以達到理想的境地。

人生的遠行，應該怎樣準備才算圓滿？

拿破崙．希爾說：「沒有人可以達成他想要達成的目標以上的事情。」

換句話說，沒有任何目標，你永遠是社會的可憐蟲，只能悲哀地終其一生。

在一生中，你打算做什麼事情？你打算成為怎樣的人？你需要做什麼，才可以滿足自己的願望？就在今天下班以後，詳細計畫你的人生夢想吧！

想要完美地繪製自己的人生藍圖，就要制定至少從現在到十年以後的詳細計畫指南。

首先，在工作方面，你希望獲得多少收入，你希望晉升到怎樣的職位，你希望獲得多大的權力，你希望從工作中獲得怎樣的名聲？趕快把它們記下來。

其次，在家庭方面，你希望擁有怎樣的生活水準，你希望住在怎樣的房子，你希望孩子們受到什麼程度的教育？把這些問題回答清楚。

最後，在社會方面，你希望擁有怎樣的朋友，希望融入怎樣的社交圈，希望擁有怎樣的嗜好？立刻在心裡告訴自己。

描繪出以上這些未來遠景的時候，不要擔心它們會成為「一場空夢」。要知道，心有多大，舞台就有多大。想要在人生中獲得巨大的成就，就要擁有非凡的夢想。

按照以上提出的問題，把自己的夢想用書面形式記下來，做一份夢想計畫書。將夢想寫下來是非常必要的——如果你無法隨時感覺它清晰明確地存在，計畫的設定將會失去意義。

最好在計畫夢想的時候，同時把實現的期限和衡量的指標明確地制定出來，絕對不允許拖延。你的計畫必須具體而且可以衡量，含糊籠統的目標無法當作行動指南，而且會把你帶到以前的狀態——枯燥、疲憊、厭倦。假如我們想要將自己的業績提高，就要寫下提高到什麼程度。只有這樣，才有可能將自己的夢想變成可以衡量的階段性目標，不斷為自己出一些難題，使工作在過程或是實際難度上變得與以往不同。

夢想計畫必須切合實際，使它成為我們願意追求與我們可以追求的對象——事實上，不是輕易可以達成的夢想，對追求者才會具有真正的挑戰性。

在強調個人夢想的同時，不要忘記職業生涯的累積和成功，都是從公司提供的經驗和環境中發展出來的。許多人如果離開自己曾經工作的公司，離開由公司提供的平台，沒有聚光燈的照射和一定的高度，觀眾看不到角色，角色的魅力就不復存在。所以，只有在與公司的互動互信中，雙方才可以成為贏家——個人看到公司中存在的機會，公司體會到個人的發展意願和能力潛質。

寫下夢想計畫的時候，新生命的風帆即將開始遠航——記住，這是你自己的夢想，是你特別為自己設定的。你已經從一個更高的視角重新審視自己的工作，已經從中發現自己神聖而偉大的使命，不只是為別人服務的目標。然後，舉起自己的右手，告訴自己：我是創造世界的人——就在那一刻，你的承諾將會引領你與成功人士一起努力，你的能量在今後的生命中也會越來越大。

普通的推銷員如何把產品賣給總統？

美國一位名叫喬治・赫伯特的推銷員，成功地把一把斧頭推銷給小布希總統。布魯金斯學會得知這個消息，把一隻刻有「最偉大的推銷員」的金靴子贈予喬治。這是自從一九七五年以來，這個學會的一個學員成功地把微型答錄機賣給尼克森以後，另一個學員獲得此項殊榮。

布魯金斯學會創始於一九二七年，以培養世界上最傑出的推銷員聞名於世。它有一個傳統：在每期學員畢業的時候，設計一道可以表現推銷員能力的實習題，讓學員獨自去完成。

柯林頓當政期間，他們別出心裁地出了一道題目：請把一條內褲推銷給柯林頓總統。八年之間，無數個學員為此絞盡腦汁，最後無功而返。

柯林頓卸任以後，布魯金斯學會把題目換成：請將一把斧頭推銷給小布希總統。

鑑於前八年的失敗與教訓，許多學員知難而退。

有些學員甚至認為，這道畢業實習題會和柯林頓當政時期的那道畢業實習題一樣，無人可以完成，因為小布希什麼都不缺，即使缺少什麼，也不必他親自購買。

然而，喬治・赫伯特卻做到了，而且沒有花費多少時間。

一位記者在採訪他的時候，他是這樣說的：「我認為，把斧頭推銷給小布希總統是完全可能的，因為他在德州有一座農場，那裡長著許多樹。於是，我寫了一封信給他：『有一次，我有幸參觀你的農場，發現那裡長著許多橘樹，有些已經死掉，木質已經變得鬆軟。我想，你一定需要一把斧頭，但是從你現在的體質來看，這種斧頭顯然太輕，因此你需要的是一把不甚鋒利的斧頭。現在，我這裡正好有一把這樣的斧頭，它是我的祖父留給我的，很適合砍伐橘樹。如果你有興趣，請按照這封信留下的信箱給予回覆……』最後，他匯來十五美元給我。」

喬治・赫伯特成功以後，布魯金斯學會表揚他的時候說：「金靴子獎已經空置二十六年。二十六年之間，布魯金斯學會培養數以萬計的推銷員，造就數以百計的百萬富翁，這隻金靴子之所以沒有授予他們，是因為我們一直想要尋找一個人——這個人不會因為有人說某個目標無法實現而放棄，不會因為某件事情難以辦到而失去自信。」

喬治・赫伯特的故事在許多網站公布之後，一些讀者開始搜尋布魯金斯學會的網站，他們發現在這個學會的網頁上貼著一句格言：**「不是因為有些事情難以做到，我們才失去自信，而是因為我們失去自信，有些事情才顯得難以做到。」**

「想像力」在成功學中具有難以抗拒的魔力

如果我們正確使用自己的想像力，它會幫助我們把自己的失敗與錯誤變成價值非凡的資產，也會引導我們去發現一個只有使用想像力的人才可以知道的真理，那就是：**生活中的最大逆境和不幸，經常會帶來美好的機會。**

美國最好的一位雕刻師，以前是一個郵差。有一天，他搭上一輛電車，不幸發生車禍，使自己一條腿因此被鋸掉。電車公司付給他五千美金，賠償他的損失。他拿了這筆錢去上學，最後成為一位雕刻師。

他雙手製造的產品，加上自己的想像力，比之前的工作可以賺到的錢更多。由於電車發生車禍，他必須改變自己努力的目標，結果他發現自己原來也有想像力。

由於神經系統無法區分生動的想像出來的經驗和實際的經驗，心理的圖像就為我們提供一個實踐機會，把新的優點和方法「付諸實踐」，為我們獲得成功和幸福開拓一條新途徑。

如果我們正在想像自己以某種方式做事，實際上幾乎也是在這麼做，想像為我們提供的實踐可以幫助這種行為臻於完美。進行一個人為控制的實驗，心理學家可以證明：讓一個人每天坐在靶紙前面想像自己對靶紙射鏢，經過一段時間以後，這種心理練習幾乎和實際練習一樣，可以提高準確性。

《每年如何推銷兩萬五千美元》一書中，敘述底特律一些推銷員利用一種新方法使業績增加一〇〇％，紐約另一些推銷員的業績增加一五〇％，其他推銷員使用同樣的方法使自己的業績增加四〇〇％。這些推銷員使用的方法，其實就是「角色扮演」，其具體做法是：想像自己處於各種不同的銷售情況，然後再找出方法，直到出現各種實際銷售情況的時候自己知道應該說什麼和做什麼為止。這樣一來，就會越來越善於處理各種不同的情況。一些很有成效的推銷員，透過想像力和實際操作，深刻得出以下的體會：

「每次與顧客談話的時候，他提出的問題或是意見，都是一種特定的情況。如果你總是可以想到他要說什麼，並且可以迅速回答他的問題，妥善處理他的意見，就可以把產品推銷出去。」

「一個成功的推銷員自己獨處的時候，也會製造這種情境。他會設想客戶對自己最刁難的情況，然後想出相應的對策……」

「無論是什麼情況，都可以預先有所準備，想像自己和顧客面對面地站著，他提出許多問題和意見，自己可以迅速而圓滿地加以解決。」

自古以來，許多成功者都曾經運用「正確想像」和「排練實踐」以完善自我而獲得成功。拿破崙在帶兵橫掃歐洲之前，曾經在內心想像中「演習」軍事多年。韋伯和摩根在《充分利用人生》一書中告訴我們：「拿破崙在上學的時候做的閱讀筆記，在付印的時候，竟然有四百頁之多。他把自己想像成一個司令，畫出科西嘉島的地圖，經過精確的數學計算以後，標示自己可能布防的各種情況。」

這真是奇妙之極！難怪人們總是把「想像」與「魔術」聯繫起來。「想像力」在成功學中，確實具有難以抗拒的魔力。

善用資訊，讓員工變成富翁

日本一家公司的員工，平時的工作是為老闆做一些文書工作，整理報刊資料。這個工作很辛苦，薪水也不高，他隨時思考想辦法賺大錢。

有一天，他翻閱的報紙上有一個介紹美國商店情況的專題報導，其中有一段提到自動售貨機。報紙上面寫道：

「現在美國各地都在大量擺設自動售貨機來銷售商品。這種售貨機不需要雇人看守，一天二十四小時隨時供應商品，而且在任何地方都可以營業，給人們帶來許多方便。可以預料，隨著時代的進步，這種新的售貨方法會越來越普及，也會被廣大的企業採用，消費者可以很快地接受這種方式，前景一片光明。」

這個員工開始在這件事情上動腦筋，他想：

「現在日本沒有一家公司經營這個項目，可是將來必然會進入自動售貨的時代。這筆生意對於沒有什麼本錢的人最適合，我為何不趁此機會去經營這種新行業？至於售貨機裡的商品，應該收集一些新奇的東西。」

於是，他向朋友和親戚借錢購買自動售貨機。他總共籌到三十萬日圓，這筆錢對於一個員工來說，不是一個小數目。他以一台一萬五千日圓的價格買下三十台售貨機，設置在酒吧、劇院、車站等公共場所，把日常用品、飲料、酒類、報紙、雜誌放入其中，開始他的新事業。

這個舉措，果然為他帶來大量的財富。第一個月，他的自動售貨機就為他賺到一百多萬日圓。他把每個月賺到的錢投資於自動售貨機上，擴大經營規模。五個月以後，他不僅連本帶利還清借款，而且獲利將近兩千萬日圓。

正是一個有用的資訊，造就日本的一位富翁——古川久好。

在企業裡，每個人都在扮演兩個基本角色——資訊接受者和資訊傳遞者。作為資訊接受者，必須完全按照企業傳遞的資訊去執行，影響你的下屬，影響你的顧客，影響你的經銷商。作為資訊傳遞者，必須及時地把資訊傳遞給主管和老闆，幫助他們做出對企業有利的決策和戰略。

你要知道從什麼人、什麼地方可以得到資訊，還要知道對於得到的資訊要用什麼方法證實。善用資訊管道，與同行業中有經驗的前輩交流、參加社團活動、利用媒體，都可以擴展自己的資訊網絡。

從現在開始，每天把從任何管道——報紙、電視、雜誌、網路、人際交流中得到的關於公司的任何資訊記錄下來，每天早晨第一時間向你的主管反映。因為你掌握前沿的資訊，你將會被老闆放在衝鋒的位置上。

在有些人看來，一加一永遠大於二

商業化社會沒有標準等式。任何一種生意，都是有人賺錢、有人賠錢。其中的關鍵原因可能是：賠錢的人認為一加一應該等於二，賺錢的人認為一加一永遠大於二。

別人認為一加一等於二的時候，你應該想到一加一大於二。

一九四六年，一對父子來到美國做銅器生意。一天，父親問兒子一磅銅的價格現在是多少。兒子回答是三十五美分。父親說：「你說得沒錯，每個人都知道一磅銅的價格是三十五美分，但是作為猶太人的兒子，你應該說成三十五美元——你要試著把一磅銅做成門把或是門鎖。」

父親死後，兒子繼續做著銅器生意。幾十年以來，他把銅做成銅鼓、鐘錶簧片，甚至做成奧運會的獎牌。最貴的時候，他曾經把一磅銅賣到三千五百美元。這個時候的他，已經是小有名氣的麥考爾公司的董事長。

但是他沒有滿足，他瞄準紐約州的一堆垃圾——正是這堆垃圾，使他名揚天下。

那是一九七四年，美國政府為了處理為自由女神像翻新的時候扔下的廢料，向社會公開招標。幾個月過去了，還是無人問津。正在國外旅行的他聽到這個消息，立刻飛往紐約。匆匆看過自由女神像下堆積如山的廢銅殘木以後，未提任何條件，他果斷地簽下收購合約。

很多人對他這個舉動嗤之以鼻，暗笑精明一世的他愚蠢無知。因為在紐約，對於垃圾處理有嚴格的規定，可能會受到環保組織的起訴。就在一些人要看這個猶太人笑話的時候，他開始組織工人對廢料進行分類。他請工人把廢銅熔化，鑄成許多小型的自由女神像；廢木，請木匠做成自由女神像的底座；廢鉛和廢鋁做成紐約廣場的鑰匙模型。甚至從自由女神像上掃下的灰塵他也不放過，經過精美的包裝，他把它們高價出售給花店。

就這樣，不到三個月的時間，他把這堆廢料奇蹟般地變成三百五十萬美元的現金，每磅銅的價格翻了一萬倍！

抱怨某種生意難做的時候，也許有人因為做同樣的生意而累得氣喘吁吁——在你看來，一加一等於二；在有些人看來，一加一永遠大於二。

八〇／二〇法則，猶太商人頗具智慧的經商哲學

「錢在有錢人的手裡，賺錢就要賺有錢人的錢。」

一位猶太富翁這樣向他的兒子傳授生意秘訣。按照他的說法，財富不是平均地掌握在人們的手裡，而是正好相反。擁有財富的大多數人，只佔總人口之中一個很小的比例。

美國人的財富在猶太人的口袋裡。佔美國人口很小比例的猶太人，擁有美國大多數的財富。猶太人不僅在美國，還在亞洲的日本、歐洲的一些國家，獨佔金融界或是商界鰲頭。百萬、千萬、億萬富翁，大有人在。

如果有人問他們何以生財有道，他們會漫不經心地說一句：

「錢本來就在有錢人的手裡。」

你或許不滿意這個答案，但是請你不要誤會，猶太人是告訴你一個真理：**錢在有錢人的手裡。所以，只有賺那些有錢人的錢，才可以賺到錢、賺大錢。**

這是猶太商人頗具智慧的經商哲學，這個哲學卻源自於他們對生活、對世界的看法——八〇／二〇法則。

在每個人的身體中，水分與其他物質成分的比例是八〇／二〇。八〇／二〇法則是客觀的，它規定宇宙中某些恆定的比例。如此說來，八〇／二〇法則確實是超越一切的「絕對真理」，在冥冥之中規定我們的世界，影響我們的生活。這個具有絕對權威、千古不變的法則，猶太人理所當然地將它作為經商的基礎，依靠這個不變法則的支持，獲得世人羨慕的財富。

舉一個例子：假如有人問，世界上放債的人多，還是借款的人多。一般人會回答：「當然是借款的人多。」但是經驗豐富的猶太人的回答正好相反，他們會一口咬定：「放債的人佔絕對多數。」實際上也是如此，銀行整體來說是一個借貸機構，它把從很多人那裡借來的錢轉借給少數人，從中獲取利潤，按照猶太人的說法，放債人和借款人的比例是八〇／二〇，銀行利用這個比例賺錢，絕不吃虧，否則銀行就有破產之虞。

是什麼在限制你成功致富？

想要讓每天都有新的開始，就要從意念中摒除所有對從前產生的惋惜和愧疚心理，把心思放在今天的可能性上。

一定要記住：追求偉大的成就，永遠不嫌晚。

哈蘭德・桑德斯上校在六十六歲的時候，開創他的肯德基炸雞王國。

塞西爾・德米爾執導史上歷久不衰的電影之一——《十誡》，當時他是七十五歲。

音樂巨擘李奧波德・史托考夫斯基於九十多歲的時候，創下二十張古典音樂專輯的紀錄！

把心中成功與失敗的記分板重新整理，然後拆掉失敗記分板。從今天開始，把你的心思放在今天的可能性上。把從前的愧疚全部忘掉，而且將它們從你的詞彙中清除，讓每天都成為一個新的開始。

將目標訴諸文字，可以幫助你管理自己的人生。唯一的重點是：你是否可以為你現在的人生負完全的責任。你必須為每分每秒發生在你身上的所有事情完全負責。

對於習慣將失敗歸咎於別人的人，很難接受這個觀念，他們寧願相信：

「要是我的老闆不那麼吝嗇，我可以賺更多錢。」

「要不是我的父母讓我缺乏自信，我不會和那些微不足道的人為伍。」

「如果那些可惡的孩子可以安靜一點，我就可以放鬆了。」

諸如此類的話，不勝枚舉。有些人把所有責任推給自己控制範圍以外的人，從未意識到要為自己的人生負責。他們把信心、人際關係、心靈的平靜、生活方式的掌控權交給別人，自己除了抱怨之外，什麼也不做，他們的抱怨只會讓自己的情況更糟。

拿破崙・希爾說：「除了你自己之外，任何人都無法控制你。」這句話真正的含義是：第一，你可以控制你自己；第二，沒有人可以控制你。你可以選擇調整自己，也可以選擇過著不滿意的生活。無論如何，沒有人對你的生活感興趣。

對你生活中的所有事物負責。哇！這真是一個令人驚駭的想法，卻也是能力所及的一步（有一些天然災害，例如：暴風雨、火災、車禍等意外事件會發生，這些是你無法控制的，但是你可以用保險為這類情況事先做好準備。雖然你不必為這些事件負責，但是要為你的態度負責，這表示你可以決定要用多久的時間從中復原）。

不再依賴別人，並且明白自己擁有一切的控制權，就可以著手完成你所有的目標。

如果你的老闆給你的薪水不足，你可以要求加薪，或是開始尋找更理想的工作。

如果你的孩子非常吵鬧，你可以聘請一個保姆，或是找一件他們可以專注的事情，讓他們安靜下來。

如果你的錢不敷使用，你可以進行不同的分配，學習過著簡樸的生活。

除了違法的事情之外，沒有人有權利要求你做不願意做的事情。事實上，你成功的唯一限制，是你自己附加上去的。

如何快速籌到一百萬美元的創業基金？

有一股來自內心的力量，無所不知、無所不能。無論貧窮或富有、卑微或權貴，每個人都可以擁有這股力量。只要自己可以應用，不受任何人的影響。

這股神秘的力量，如何讓一個人獲得最高的成就？為何大多數的人讓消極思想誤導這股神秘的力量，使自己不受其利，反受其害？

所有的天才以及對人類文明有卓越貢獻的領導者，都是使用同樣的方法。

法蘭克・甘索魯斯就是利用內心的神秘力量，達成自己的願望。年輕的法蘭克牧師想要創辦一所大學，需要一百萬美元的經費，他決定要設法籌到一百萬美元。他的信心堅定，因為他有明確的計畫。他寫了一篇演講稿，題目是「假如我有一百萬美元」。他在芝加哥各大報刊登啟事，說自己將於下個星期日早晨布道的時候演講這個主題。

布道結束的時候，一位陌生人走到講台的前面說：「你說得很好。請到我的辦公室，我會給你需要的一百萬美元。」這個陌生人是菲利普·阿默，他是阿默企業的創辦人。

這是一個真實的故事。堅定的信心，產生實現目標的力量。信心不是被動的等待，而是主動的出擊。

機器必須要運轉才可以產生作用，主動的信心一無所懼。有信心，才可以鼓舞士氣，度過難關；有信心，才可以戰勝失敗，克服恐懼。

生命中的災難經常迫使人們在信心與恐懼之間做出選擇。為什麼大多數的人都會選擇恐懼？關鍵在於一個人的態度，造物者讓我們有權利自己決定。

選擇信心的人，會改變自己的態度。在日常生活中，他們勇敢地決定和行動，培養自己的信心。選擇恐懼的人，他們不懂得培養積極的態度。

找出內心那股神秘的力量，就會發現真實的自我。然後，我們可能會寫一本更好的書，或是做一次更精彩的演講。

成功的坦途會通往每個人的大門，無論我們原來是誰，無論我們曾經多麼落魄，只要我們主動出擊。

高人指點，決定我們的事業成功與否

拿破崙・希爾上大學的時候，在田納西州的一家雜誌社兼職。由於他在工作中表現優異，雜誌社派他去採訪美國偉大的鋼鐵製造家安德魯・卡內基。卡內基十分欣賞這個積極上進的年輕人，他對希爾說：「我向你提出一個挑戰。我要你研究美國人的成功哲學，然後給出一個令人滿意的答案。我會寫介紹信為你引薦這些成功的精英，但是我不會給你任何經濟支援。這個挑戰，你願意接受嗎？」

拿破崙・希爾斬釘截鐵地對卡內基說：「我接受你的挑戰！」有人認為這是卡內基的一句戲言，也有人覺得希爾無法堅持下去。但是，他們都想錯了——卡內基說的絕非戲言，希爾也真的堅持下去，並且成為美國家喻戶曉的「成功學博士」。

事情的過程是這樣的：

先由卡內基引薦希爾去採訪，經過長談以後，希爾將採訪稿整理成文章。二十年，用了

人人都能成功

二十年的時間，希爾遍訪美國當時最富有的五百位成功人士。在與他們的聊天過程中，希爾迅速記錄有用的資訊，並且在回家之後對他們的成功之道進行研究。

希爾每天早出晚歸，非常辛苦。終於，辛苦的付出得到豐厚的回報。希爾寫完並且出版著作——《成功定律》。這本書問世以後立刻引起全世界的轟動，被翻譯成多國文字在世界各國發行，引發一場全世界的「成功熱」。後來，希爾擔任羅斯福總統的顧問。與此同時，他開始撰寫他的第二本書——《思考致富》。這本書出版以後，又引起購買狂潮。

從拿破崙・希爾的成功事例中，我們可以看出：卡內基在希爾成功的道路上扮演一個多麼重要的角色。如果沒有卡內基慧眼識才，並且步步提拔，希爾要做到這麼成功，不是一件容易的事情。

因為卡內基的引薦，拿破崙・希爾遍訪美國當時最富有的五百位成功人士，成為美國家喻戶曉的「成功學博士」……可見，是否可以得到「高人指點」，有時候決定我們的事業成功與否，決定我們的前途和命運。

全球富豪約翰・富勒第一桶金的故事

每個人的身上都戴著無形的護身符：一邊是「積極心態」，可以招來財富、成功、快樂、健康，使自己登峰造極，毫不動搖；另一邊是「消極心態」，阻擋所有美好的事物，使自己一生平凡無奇，甚至從峰頂跌至谷底。

約翰・富勒的故事，就是最好的證明。

約翰・富勒的父親是路易斯安那州黑人佃農，家中有七個兄弟姐妹。他從五歲就開始工作，九歲的時候會趕騾子。這些一點也不稀奇，因為佃農的孩子大多在年幼的時候就必須工作，他們對於貧窮十分認命。

富勒有一位偉大的母親，她始終相信一家人應該過著快樂而且衣食無憂的生活，經常和兒子談到自己的夢想。

「我們不應該這麼貧窮，」她經常這麼說，「不要認為貧窮是上帝的旨意。我們很貧窮，但是不能怨天尤人。那是因為爸爸從來不想追求富裕的生活，家中每個人都是胸無大志。」

沒有一個人想要追求財富。這句話深植富勒的心中，並且改變他的一生。他想要躋身富人之列，開始努力追求財富。他認為推銷東西是最快速的致富捷徑，他選擇挨家挨戶推銷肥皂。十二年以後，他得知供貨的公司即將被拍賣，底價是十五萬美元。談判的結果，他用自己積蓄的兩萬五千美元作為訂金，答應在十天之內籌到十二萬五千美元。合約中規定，如果逾時沒有補齊款項，將會沒收訂金。

富勒的工作態度認真，經常受到客戶稱讚。現在他需要幫忙，他向朋友、信託公司、投資集團借錢，到了第十天晚上，他籌到十一萬五千美元，還差一萬美元。

「我已經想盡所有的辦法，」他回憶當時的情形，「時間不早了，房間裡一片漆黑，我跪下來祈禱，請求上帝指引，有人可以在期限內借我一萬美元。我決定開車沿著芝加哥第六十一街走下去，默默請求上帝給我一線曙光。當時是晚上十一點，過了幾個路口，終於看到一家廠商的辦公室裡還有燈光。」

富勒走進辦公室，那位廠商正在埋頭工作，由於熬夜加班，已經疲憊不堪。富勒和他略有交情，於是鼓起勇氣。

「你想不想賺一千美元？」富勒直截了當地問。

那位廠商回答：「想，當然想。」

「借我一萬美元，我會外加一千美元紅利還給你。」富勒告訴那位廠商，並且詳細說明自己的投資計畫。

富勒的口袋裡放著一萬美元的支票，走出廠商的辦公室。其後，他不僅從接手的公司獲得可觀的利潤，並且陸續收購七家公司，其中包括四家化妝品公司、一家製襪公司、一家標籤公司、一家報社。

富勒的起點比一般人更不利，但是他有遠大的目標，勇往直前。**拿破崙・希爾說：「每個人的目標都不同，我們有權利選擇自己要追求什麼。」**

並非每個人都要像富勒一樣，成為一個企業家；並非每個人都願意付出成為藝術家的昂貴代價。每個人對「財富」的定義不同，也有人認為，每天過得快樂幸福，就是成功。無論我們追求的是像富勒一樣擁有財富，或是發現新的化學元素、栽培玫瑰花、養兒育女，都需要積極心態才可以成功。

絕境是一次挑戰、一次機會

衝出去就有希望——

有一天，毛毛蟲問蝴蝶：「我要怎樣才可以變成一隻蝴蝶？」

「想要成為蝴蝶，首先要有飛行的渴望，其次要有勇氣衝出束縛你安全而溫暖的繭。」

「那不就是死亡嗎？」

「表面上看是死亡，實際上是新生。在現實生活中，這就是差別。有些成為蝴蝶，有些因為逃避而死亡。」

某些時候，不是因為事情困難我們才不敢去做，而是因為我們不敢去做，事情才顯得困難。關鍵是衝出去！衝出去，才有希望！

從打擊中重新站起來——

一九一四年十二月，湯瑪斯・愛迪生的實驗室在一場大火中化為灰燼，損失超過兩百萬美金。那個晚上，愛迪生一生的心血成果在無情的大火中付之一炬。

大火最凶猛的時候，愛迪生二十四歲的兒子查爾斯在濃煙和廢墟中發瘋似地尋找他的父親。他最終找到了：愛迪生平靜地看著火勢，他的臉在火光搖曳中閃亮，他的白髮在寒風中飄動。

「我真是為他難過，」查爾斯後來寫道，「他已經六十七歲了，不再年輕了，可是這一切都付諸東流了。」他看到我就嚷道：「查爾斯，你的母親去哪裡了？快去把她找來，這輩子可能再也見不到這樣的場面。」第二天早上，愛迪生看著一片廢墟說：「災難自有它的價值。瞧，我們以前所有的錯誤都被大火燒得一乾二淨，感謝上帝，現在我們又可以從頭再來了。」火災剛過三個星期，愛迪生就開始著手推出他的第一部留聲機。

是的，人生遭遇無情災難的時候，仍然要感謝上帝，祂讓我們懺悔，讓我們反省，讓我們總結經驗——祂要讓我們從災難中找出價值。

奮力一拼，絕境創造奇蹟——

在法國一個位於野外的軍用機場上，一位名叫桑尼爾的飛行員正在專心地用自來水槍清洗戰鬥機。突然，他感到有人用手拍了一下他的後背。回頭一看，他嚇得大叫一聲，拍他的哪裡是人，一隻碩大的棕熊舉著兩隻前爪站在他的背後！桑尼爾急中生智，迅速把自來水槍轉向棕熊。也許是用力太猛，在萬分緊急的時刻，自來水槍竟然從手上滑下來，棕熊已經朝他撲過去……他閉上雙眼，用盡全身的力氣縱身一躍，跳上機翼，然後大聲呼救。

警戒哨裡的哨兵聽見呼救聲，立刻端著衝鋒槍跑出來。兩分鐘以後，棕熊被擊斃了。

事後，許多人大惑不解：機翼距離地面至少有二・五公尺的高度，桑尼爾在沒有助跑的情況下竟然可以跳上去，這可能嗎？如果真是這樣，桑尼爾不必再當飛行員，應該當一個跳高運動員，去創造世界紀錄。

然而，事實確實如此。

後來，桑尼爾進行無數次試驗，再也無法跳上機翼。

在日常生活中，絕境就是一次挑戰、一次機會，如果你不是被嚇倒，而是奮力一搏，也許會因此而創造超越自我的奇蹟。

我們必須自己走向勝利

勝利不會向我們走來，我們必須自己走向勝利。

一位音樂系的學生走進練習室，鋼琴上擺放著一份全新的樂譜。

「超高難度。」他翻動著，喃喃自語，感覺自己對彈奏鋼琴的信心似乎跌到谷底，消磨殆盡。

已經三個月了，自從跟隨這位新的指導教授之後，他不知道為什麼教授要以這種方式整人？勉強打起精神，他開始用十隻手指頭奮戰，奮戰，奮戰，琴音蓋住練習室外教授走來的腳步聲。

指導教授是一位很有名的鋼琴大師，他給自己的新學生一份樂譜。

「試試看吧！」他說。

樂譜難度頗高，學生彈得生澀僵滯，錯誤百出。

「不行，回去練習吧！」教授在下課的時候，如此叮囑學生。

學生練了一個星期，第二個星期上課的時候，教授又給他一份難度更高的樂譜，「試試看吧！」上個星期的功課，教授隻字不提。

學生再次掙扎於更高難度的技巧挑戰。

第三個星期，更難的樂譜又出現了，同樣的情形持續著，學生每次在課堂上都被一份新的樂譜「纏住」，然後把它帶回去練習，接著再回到課堂上，重新面臨困難兩倍的樂譜，卻怎麼也追不上進度，完全沒有因為上個星期的練習而有駕輕就熟的感覺，學生感到越來越不安、沮喪、氣餒。

教授走進練習室，學生再也忍不住了，他必須向鋼琴大師提出這三個月以來，他為何不斷折磨自己的質疑。

教授沒有說話，他抽出最早的一份樂譜，交給學生。

「試試看吧！」他以堅定的眼神望著學生。

不可思議的事情發生了，學生感到驚訝萬分，自己竟然可以將這首曲子彈奏得如此美妙，如此精湛！教授又讓學生彈奏第二堂課的樂譜，同樣地，學生有高水準的表現。演奏結束，學生怔怔地看著教授，說不出話來。

「如果我任由你表現最擅長的部分，可能你還在練習最早的那份樂譜，不可能有現在這樣的進度。」教授緩緩地說著。

我們往往習慣於表現自己熟悉和擅長的領域，但是如果我們願意回首，仔細檢視，將會恍然大悟，看似緊鑼密鼓的工作挑戰、永無止境的生活壓力，不是也在不知不覺之間被戰勝、被攻破，並且由此而鍛鍊成今日的諸般能力嗎？

人類，確實有無限的潛力！有這種體悟與認知，會讓我們更欣然地面對未來勢必更多的難題。

第三章

信念，是一切向上的力量和泉源

成功永遠不會主動走向等待的人

成功不會主動走向等待的人，也不會期待別人走近自己！

也許，你認識這樣的人——他們坐在一家飯館裡，翻開菜單，用懷疑的目光仔細研究各種美味佳餚的名字。飯館提供的菜肴越多，他們越難做出決定。他們環顧四周，詢問別人點什麼菜，他們思考，拒絕別人的建議，就是無法闔上菜單做出決定。最後，服務生站在桌前的時候，他們不得已地做出決定。這樣的「偶然」結果必定是：他們捨棄所有那些精心烹製的美味佳餚，最終選擇廚師最不拿手的一道菜。

從這些生活裡最平凡的小事中就可以看出，一個人是喜愛做決定，還是欠缺決定能力。欠缺決定能力的人，最後會一無所獲。

喚醒你心中的勇氣來做出決定，只有這樣，才可以實現自己的夢想，才可以從你的生活中得到你應該得到的東西。

一個真正願意思考的人，可以從失敗中學到與從成功中學到同樣多的東西。

有一次，一位大學教授請學生舉手，以便讓他知道有哪些學生希望在未來獨立創業。在座的五十個學生之中，只有四個人舉手。於是，教授對那些沒有舉手的學生說：「可以允許我向你們介紹你們未來的老闆嗎？」

這個故事說明，決定與否會對你的人生產生怎樣的影響。要注意的是：如果只鎖定一個想法，只談論它，就可以百分之百地使你的行動和你的機會上升到成功的高度。

你今天的夢想，將會成為明天的現實！

假如我們在孩子玩的彈珠裡放進幾顆光芒四射的鑽石，他們完全無法意識到自己手上拿著的是什麼寶貝，也許他們會用這些珍貴的寶石去換漂亮的彈珠。我們的身上隱藏著出人意料的天賦、才能、機會，然而我們對此一無所知，經常把我們的財富白白浪費掉。每個人都有內在的辨別力，每個直覺都會引導我們去發現自己特殊的才能。

想要成功，千萬不能告訴自己的一句話

小事有多麼重要？小事就是一切。

大事也是由小事開始做起，所以要重視每件事情的細節。很多時候，失敗都是因為小事，小事最不被人們重視，所以有那麼多人失敗。

例如：接電話的態度可能是小事，但是顧客可能會因為接電話的人態度不好而拒絕與我們做生意。

貨物的包裝可能是小事，但是外表的破損會失去顧客的信任。

郵寄的時間可能是小事，但是顧客可能會責怪我們不準時而退貨。

我們不能總是找藉口：「貨物正在路上，過幾天就會送到」「包裝是工人沒有注意才會破損」「負責接電話的人正好不在，那是別人接的」。別人不想聽這些理由，別人只是想要確定我們會負責，別人只是希望我們可以達成事情的結果，別人只是永遠要求完美。

出門之前，領帶沒有打好，不表示自己是一個失敗者，但是很多人都會這樣認為，而且許多的負面印象會降低別人對自己的評分。

大多數人都會輕視小事，因為他們不瞭解大事是由小事組成——做小事就是在做大事。

那些身邊所謂的「小事」，往往會成為一個人塑造人格和累積信用的關鍵。一些貪小便宜的行為，只會把自己塑造一個貪圖小利的形象，最終會因小失大。

在家庭成員之間的關係中，小事就是大事。在建立信任和培養感情方面，這種小事產生的作用很大，例如：帶孩子們去買對他們來說很重要的東西。

天下沒有什麼大事可以做，只有小事，許多小事累積起來就會變成大事。

播下一種思想，收穫一種觀念；播下一種觀念，收穫一種行為；播下一種行為，收穫一種習慣；播下一種習慣，收穫一種命運。習慣決定命運，命運來自於細節。人生無小事，事事在認真。

成功者之所以成功，就是因為把每件小事做到最好。

想要成功，就不能告訴自己：「有一天，我要做成一件大事……」今天就要把每件小事做好，而且每天都一樣。

過著自律生活的人，可以早一步邁向成功

世界上有兩種人：一種人過著他律性的生活，需要別人監督以及用規律來約束自己，否則不知道要做什麼事情。另一種人過著自律性的生活，不需要別人監督以及用規律來約束自己，就會知道要做什麼事情。

這個世界上，第一種人比較多，還是第二種人比較多？成功人士是自律性的人，還是他律性的人？

運動員每天訓練很辛苦，所以疲倦的時候不願意訓練，但是不斷地堅持訓練是不是成功的關鍵？肯定是。

世界級的運動員不需要教練的監督，他們懂得自我訓練。所謂自我訓練，就是自己不願意做某些事情，但是做這些事情會獲得成功，所以規定自己一定要做這些事情。

推銷員應該盡量拜訪顧客，可是害怕被拒絕，於是不去拜訪，就應該告訴自己：「只有盡

量拜訪顧客才會成功，顧客一定會購買，我現在就要行動！」

不敢與別人交談，可是必須和別人交往，以增進人際關係，就應該告訴自己：「我是最棒的，每個人都喜歡我，我相信我自己！」然後，立刻與別人交談。

賺錢的時候應該存錢，但是有花錢的欲望，就應該告訴自己：「一定要存錢，存錢才是最重要的事情。」

早上不願意起床，但是為了培養早起的習慣，就應該告訴自己：「如果不起床，我就是一個失敗者。我要失敗了，我要失敗了！」然後，立刻跳下床。

成功人士都是會自我訓練的人，而且對自己非常嚴格。失敗者不僅不會自我訓練，不願意自我訓練，每天還會放鬆自己，如果別人用規律來約束他，也不願意接受別人的約束。

過著自律性的生活，嚴格的自我訓練，學習成功者的習慣，把每件事情做到最好，才會有成功的機會。

什麼人絕對不會取得偉大的成就？

工作不是我們為了謀生才去做的事情，而是我們要全力以赴用生命去做的事情。

一個人的工作，是他親手製成的雕像，是美麗還是醜惡，可愛還是可憎，都是由他一手造成的，無論是寫一封信，出售一件貨物，或是接一個電話。

如果一個人輕視自己的工作，而且做得很粗陋，他絕對不會尊敬自己。如果一個人認為自己的工作很辛苦，絕對無法做好自己的工作，這個工作也無法發揮他自身的特長。

在社會上，有許多人不尊重自己的工作，不把自己的工作看作創造事業的要素和發展人格的工具，而視為衣食住行的供給者，認為工作是生活的代價、是不可避免的勞碌，這是多麼錯誤的觀念啊！原因很簡單，抱怨和推諉其實是懦弱的自白。

一個人對工作抱持的態度，和他自己的性情、做事的能力有密切的關係。要看一個人是否可以達成自己的願望，只要看他工作的時候的精神和態度。如果一個人工作的時候，感覺受到束縛，感覺自己的工作很辛苦，沒有任何趣味，他絕對不會取得偉大的成就。

無論做任何事情，都要全力以赴。是否擁有這種態度，可以決定我們日後事業上的成功或失敗。一個人工作的時候，如果可以用奮發的精神、火焰般的熱忱，充分發揮自己的特長，無論所做的工作如何，都不會覺得辛苦。

在工作中，許多人認為自己是為主管工作，為公司工作，他們沒有給自己期待的回報，以致自己心中不平，想要藉此罷工，或是以其他動作來報復，甚至想要批評主管。

但是，我們平心靜氣地思考：如果我全力以赴，業績輝煌，誰最佔便宜？如果我偷懶，表現不佳，誰最吃虧？主管也許會因為我們表現的好壞而受到不同程度的影響，然而真正影響最大的是你自己。是你自己無法成長，是你自己在浪費光陰！

你有理由覺得自己是為主管工作，經常悶悶不樂，但是你更應該告訴自己，你是在為自己工作！因此全力以赴，保持一顆快樂的心。因為不管工作表現如何，真正影響最大的絕對不是主管或別人，而是你自己。你自己成長步伐的快慢，只表示你付出的多與少，工作的勤與惰而已。

無論你的工作看起來是多麼的卑微，都要以藝術家的精神，用生命去做。在任何情形之下，不允許對自己的工作表示厭惡。厭惡自己的工作，最終也會遭到工作的厭惡。如果你因為

人人都能成功

環境所迫而從事乏味的工作，也要設法從這些乏味的工作中找出樂趣。

應該做又必須做的事情，總是可以從中找出樂趣，這是我們對於工作應該抱持的態度。有這種態度，無論做什麼工作，都可以有很好的成效。

全力以赴，用生命去做，才會感受到成長的快樂和生命的美好。

成功人士信仰的那些座右銘和格言

古往今來，成功者都有其遵循的信念。他們之中的許多人甚至把信念用格言形式寫出來，作為自己一生的座右銘。

一八八八年，法國巴黎科學院發起關於「剛體繞固定點旋轉」問題的有獎徵文，徵文規定，作者除了提供論文以外，還要附上一句格言。結果，一篇附上「說自己知道的話，做自己應該做的事情，做自己想要做的人」的格言的論文，被評審認為科學價值最高。

這篇論文與這句格言出自三十八歲的俄國女數學家蘇菲亞・柯瓦列夫斯卡婭之手。蘇菲亞・柯瓦列夫斯卡婭透過不懈努力，果然實現自己的格言，成為一個「自己想要做的人」。

在婦女處於被壓迫、被奴役的悲慘地位的十九世紀，她是走進法國巴黎科學院大門的第一位女性和數學史上第一位女教授。

拿破崙・希爾原本只是一個礦工，在他用來撰寫此書的打字機前面，懸掛著一個牌子，上面用大寫字母寫著一句話：「日復一日，我在各個方面都會獲得更大的成功。」一個懷疑者看到這個牌子以後，問拿破崙・希爾是否真的相信牌子上的話。

拿破崙・希爾回答：「我當然不相信。這個牌子沒有產生什麼了不起的作用，『只是』幫助我脫離煤坑，並且為我在這個世界上謀得一席之地，以及使我得以鼓勵數十萬人力爭上游，並且在他們的腦海裡樹立與這個牌子內容相同的積極思想。除此之外，似乎也沒有什麼了。」

安東尼・庫伯出生於奢華的家庭，然而他的童年是很不幸的。父親忙碌於政治，母親熱衷於社交，他們沒有時間關心這個孩子。十五歲的時候，這個不幸的孩子經常到巷子裡玩。有一次，他看見幾個穿得破爛的醉漢，抬著一具粗劣的棺材，搖晃地走過來，嘴裡唱著鄙俗的歌曲。突然，「砰」的一聲，棺材掉落在地上。棺木破裂，棺蓋開了，屍體隨即滾了出來。

看到這個情景的庫伯，立刻在心中樹立一個信念：他要用自己的全部精力與財富，改善窮人的生活。連續十七年，庫伯為了精神病患者獲得贍養費的法案可以在國會通過，不遺餘力地奮鬥；為了使窮人的孩子得到人身保障，從此不再被販賣，庫伯努力了二十年。庫伯是YMCA的首任會長，任期長達二十一年……這些只是他成就的很少一部分。

作為一種精神狀態，信念不僅影響我們潛能的開發，而且還控制我們的健康狀態，直接影響我們的成功過程與成就的高低。在走向目標的征途中，恐懼與信念是聳立在我們面前的兩個路標，一個指向成功的反向，一個指向成功的正向。恐懼會讓我們回想難過的往事，使我們想起失敗、痛苦、沮喪，並且不停地暗示——「這次是不是又會重複那些不幸？」信念會讓我們回想成功的喜悅，鼓舞我們產生「再來一次」的欲望，激起我們繼續嘗試的熱情……可以說，沒有信念的指引，我們的人生將會變得黯淡無光！

為什麼過程可以導致決定？

做出一個決定，表示觸動一個充滿威力的螺旋：正面的決定推動事情沿著良性循環的軌道運行，並且最終得到正面結果；負面的決定推動事情沿著惡性循環的軌道運行，並且最終產生負面效應。

如果沒有事先向其「醫生」或是「藥劑師」（主管、教師、伴侶、朋友……）諮詢，可以立刻做出一個決定的人只佔二%。

透過以下的兩個例子，我們可以看出為什麼過程可以導致決定：

從前，美國有色人種的地位低於白人。有一天，阿拉巴馬州一位中年婦女突然意識到這種事情是錯誤的。為什麼她必須在公車上讓座給一位白人？難道只是因為她是有色人種？從這一刻開始，她做出決定：她要坐在座位上，並且致力於為全人類的平等而奮鬥。最終，羅莎・帕克斯為人權奮鬥的行動引起一場運動，進而改變歷史的過程。

在印度，有一個身材矮小的名叫甘地的男人和自己的同胞一起做出決定，要為印度脫離英國的統治而奮鬥。但是他拒絕進行殘酷的戰爭，因為戰爭會奪去許多無辜的生命，甘地寧願選擇非暴力的抵抗運動。

剛開始的時候，他遭到許多人的嘲笑：不費一槍一彈，如何可以打擊大英帝國？然而，無論是他在全世界各地的追隨者還是反對者，最終認識到這個拒絕使用暴力的男人有多麼巨大的精神力量。甘地為非暴力和平轉變進行的遠征，最終使他的國家獲得自由，並且在全世界對無數人產生深遠的影響。

由此可見，在自己的生活中做出決定，將會導致許多連鎖反應。然而，在我們這個時代，許多人卻變成沒有抵抗力的家兔，只會在蛇的面前發愣。越來越多的人失去行動的能力，因為他們不再有能力做決定。有些人失業了，卻無法下定決心讓自己擺脫這種狀況；有些人對自己的工作不滿意，卻無法下定決心讓自己擺脫這種狀況；有些人的人際關係不好，卻無法下定決心讓自己擺脫這種狀況。究竟是什麼原因使得可以果斷做出決定的人變得如此少？很簡單，就是因為他們害怕自己做出錯誤的決定，他們害怕自己的錯誤決定會使自己有所損失。

我們都有這樣的經驗——曾經做出錯誤的決定，並且因此必須忍受它帶來的不利後果。這種經驗多次累積之後，就會對許多人產生條件化：他們面臨抉擇的時候，總是盡可能地拖延時間，避免做出錯誤的決定。然而事實上，這樣只會給自己帶來不利的後果：無法做出決定比做出錯誤決定更糟糕。

在生活中獲取的經驗越多，就會越成功。因此，不要害怕做出錯誤的決定，因為決定本無對錯，只是決定的結果有正面的經驗與負面的教訓之分。

你的失敗是怎樣被你自己用心策劃的？

人與人之間的差別，剛開始只是在於思考問題的方式不同。

在生活中，有許多人的期望就是追求一生平淡。

在他們看來，差不多就可以。他們隨遇而安，不求有功，但求無過。他們認為忍一時風平浪靜，退一步海闊天空。假如這些觀念日積月累變成他們的信念，這種對事物習慣性的看法，最終會決定他們面對事情的態度，積極、進取、努力不會是他們的人生態度。

他們對待工作的態度是差不多就可以，對得起這份薪水就可以：時間到了就下班，不會主動做事。他們稍有挫折，就會安慰自己：成功是少數人的事情，退一步海闊天空。他們的結果會是什麼？平淡！

成長的結果，通常取決於成長當初的內心期望。

在生活中，也有許多人期望成就自己的事業。他們秉持「爭取第一」「不做則已，要做就要做到最好」「付出皆有回報」「不成功，便成仁」「堅持到底，永不放棄」的積極態度。因為他們的期望強度足夠牢固，這些觀念日積月累就會變成他們的信念，這些信念最終會決定他們面對事情的時候積極進取、努力奮鬥、精益求精、追求卓越。

這些人對待工作的態度不是「差不多就可以」，如果工作沒有做完，他們不會準時下班，奉獻精神與主動意識會促使他們做一些別人不願意做的工作。他們遭遇挫折以後，爬起來，再跌倒，再爬起來，直至成功。這就是他們的結果：成就自己的事業。

人們最初的內心期望，經過一段時間的努力，最終演變成他們想要的結果。結果決定於行為，行為決定於態度，態度決定於信念，信念決定於自我期望。有怎樣的自我期望，就會選擇怎樣的信念，就會有怎樣的態度以及怎樣的行為，因此就有怎樣的結果。

在你的心目中，你認為自己是什麼，你就是什麼。如果你認為自己是一個平淡的人，你的結果就會真的平淡。如果你認為自己註定是一個不平凡的人，你的結果經常就可以成就自己的事業。

積極思維者，得到積極的結果；消極思維者，得到消極的結果。有怎樣思考問題的方式，就會有怎樣的人生。

林肯、貝多芬、比利戰勝自卑心理的經驗

自卑感強烈的人，經常透過犧牲自己的權力而讓別人來證實自己。自卑感的產生，並非認識上的差異，而是感覺上的差異，其根源是人們不喜歡用現實的標準或尺度衡量自己，而是相信或假定自己應該達到某種標準或尺度，例如：「我應該如此這般」「我應該像某些人一樣」。這種追求會滋生更多的煩惱和挫折，使自己憂鬱和自責。實際上，你就是你，不必「像」別人，也無法「像」別人，更沒有人要求你「像」。因此，想要不被周圍的環境所俘虜，走出自卑，就要敢於面對挑戰，並且戰勝它、超越它，補償心理就是戰勝自卑感的法寶。

什麼是補償心理？補償心理是一種心理適應機制（機能）。我們在適應社會的過程中，經常產生一些偏差，為了克服這些偏差，於是從心理方面尋找出路，力求得到補償。自卑感越強烈的人，尋求補償的願望就會越大。從心理學上看這種補償，其實就是一種「移位」（變位），為了克服自己生理上的缺陷或是心理上的自卑，進而發展自己其他方面的特徵、長處、優勢，

人人都能成功

趕上或是超過別人的心理適應機制。事實上，正是因為如此，自卑感成為許多成功人士成功的動力，變成他們超越自我的「渦輪增壓」。「生理缺陷」越大的人，自卑感也會越強烈——成就事業的本錢就會越多。

解放黑奴的美國總統林肯補償自己不足的方法，就是透過教育及自我教育。他努力自修以克服早期的知識貧乏和孤陋寡聞，他在燭光、燈光、水光前讀書，儘管眼眶越陷越深，但是知識的營養對自身的缺乏進行全面補償，最後使他成為有傑出貢獻的美國總統。

貝多芬從小聽覺有缺陷，耳朵全聾以後克服自卑，寫出優美的《第九號交響曲》。

自卑感具有使人們前進的動力，由於自卑，人們會清楚甚至過分地意識到自己的不足，促使自己努力改正或是以其他成就（長處）彌補這些不足。這些經歷可以使我們的性格受到磨礪，堅強的性格正是獲取成功的心理基礎。自卑感可以促使人們成功，令人難堪的各種因素可以作為發展自己的跳板。一個人的真正價值，首先取決於是否可以從自我設置的陷阱裡跳脫出來，真正可以解救你的這個人——就是你自己。想要擺脫自己心理或生理方面帶來的自卑感，就要善於尋找運用其他東西來替代和彌補這種自卑感。

強者不是天生的，強者並非沒有軟弱的時候，強者之所以成為強者，在於他們善於戰勝自己的軟弱。比利戰勝自卑心理的過程告訴我們：不要理會那些使你認為自己無法成功的疑慮，勇往直前，就算失敗也要去嘗試，其結果並非真的會失敗，久而久之，就會從緊張、恐懼、自卑的束縛中解脫出來。

醫治自卑的對症良藥是：不甘自卑，發憤圖強，予以補償。學會自我補償，自卑的陰影就不會糾纏我們。每個人的天賦不同，處境不同，面臨的機會不同，成功的程度和方向也不同。用自己的本性和真實的感情來創造前程，這就是一個人的成就。所謂成就，無非是揚長避短、盡力而為的結果。即使沒有成就，只要可以充分發揮生命，就可以享受成功的人生。不懷疑自己，不迷信別人，這是生命得以發揮的心理基礎。

具有神奇力量的自信形象法

皮爾是世界著名的「自信思維法」的傳播者，並且發現與「自信思維法」一樣具有神奇力量的「自信形象法」。

但是，他小時候非常缺乏自信。

他的父親和母親都是具有獨立見解並且善於表達的人，他覺得自己永遠趕不上父母，也無法達到父母對他的要求，要不是大學二年級的時候一位教授教訓他一頓，他可能永遠無法產生自信的想像力。

有一天，他在課堂上回答問題的時候顯得很窘迫，課後教授責備他：「你這種害羞的樣子還要持續多久？就像一隻受到驚嚇的兔子，你聽到自己的聲音也會害怕嗎？你最好改變你對自己的看法。皮爾，現在改變還不晚。」

他離開教室，生氣、傷心，但更多的還是害怕，因為他知道這位教授說的是實話。

他坐在教堂的台階上，用真誠又失望的心情禱告：「不要讓我看到自己是一隻受到驚嚇的兔子，讓我相信自己是一個可以做大事的人，希望你給我力量和勇氣。」

他決定改變自己的心理狀態。

隨著時間的流逝，他做任何事情想要達到目標的時候，就會使用「形象法」的技巧。

雖然缺乏自信的心理還是經常影響他，然而他總是幸運地發現自己成功的形象比失敗的形象更強烈。

在一個南方聯邦陣亡將士紀念日裡，美國軍團（美國退伍軍人的一個組織）召開一次紀念大會。五萬人擠在一個公園裡，海軍助理部長富蘭克林・羅斯福作為貴賓也來參加，皮爾也被邀請了。皮爾以為開會的儀式可能只是做禱告，可是他到了那裡，發現自己被指定為主要發言人，頓時感到一陣恐慌。

他事先沒有準備發言，站在五萬人的面前又讓他們失望的情景，使他非常害怕。

他找到大會的舉辦者，告訴他們，他不能也不會發言，他們應該找別人發言。

羅斯福知道他的難處以後，對他說：「孩子，不要總是想著失敗，現在你有一個給予這些傷心的母親們安慰的機會。你可以告訴她們，她們做出巨大的犧牲，我們是多麼敬愛她們。你可以告訴她們，對於她們失去的丈夫和孩子，我們的國家感到自豪。上去說吧，我坐在你的後面，想像你熱愛這些人、幫助這些人以及可以使他們沉醉入迷的二十分鐘演說的情景。我在自己的腦海裡已經有一幅畫，它是這樣逼真，我知道這幅畫立刻就會變成現實。」

皮爾不再害怕了，決定按照羅斯福說的話去做。

他感到羅斯福對自己成功形象的想像一定比他對自己失敗形象的想像更強烈。

果然，他的發言成功了，羅斯福對他說：「看吧，如果你認為自己可以成功，或是別人對你有信心，你一定會成功。」

皮爾從這件事情中受到啟發。

後來他說：「可能就是在那個時候那個地方，自信思維法在我的身上產生作用。但是，希望的成功到來的時候，確實是自信想像的力量——堅持自己必勝的想像，以及這種栩栩如生的想像產生的結果在產生作用。」

一個人取得巨大的成功，首先是因為什麼？

自信的人依靠自己的力量去實現目標，自卑的人只能憑藉僥倖。

美國是移民的天堂，但是天堂裡也有數不清的失意者，今年已經三十多歲的亨利就是其中一個。

他依靠失業救濟金生活，整天無所事事地躺在公園的長椅上，無奈地看著樹葉飄零、雲朵飛走，感嘆命運對自己不公平。

有一天，他的朋友錢尼迫不及待地告訴他：「我看到一本雜誌，裡面有一篇文章說拿破崙有一個私生子流落到美國，而且這個私生子又生了幾個兒子，他們的全部特徵都跟你相似，身材矮小，說一口帶著法國口音的英語。」

「真的是這樣嗎？」亨利半信半疑，但他還是願意把這一切當作是真的。他掏出口袋裡所有的零錢，用漢堡和一杯可樂招待錢尼。

人人都能成功

很長一段時間，亨利總是在心裡想著：「我真的是拿破崙的孫子？」逐漸地，這個揮之不去的意念終於使他確信這是一個事實。

於是，亨利的人生被改變了，以前他因為身材矮小而充滿自卑，但是現在他因此感到自豪：我的祖父就是依靠這種形象指揮千軍萬馬。以前他覺得自己的英語發音不標準，像一個令人討厭的鄉巴佬，現在他認為自己帶著法國口音的英語悅耳動聽。在下定決心開創事業的時候，因為是白手起家，他遇到許多難以想像的困難，但是他卻充滿信心。他對自己說：「在拿破崙的字典裡，找不到『困難』這兩個字。」

就這樣，憑著自己是拿破崙孫子的信念，他克服許多困難，成為一家公司的董事長，並且在他經常閒逛的那個公園對面，蓋了一幢三十層的辦公大樓。

在公司成立十週年的日子，他請人去調查自己的身世，結論是：他不是拿破崙的孫子。亨利沒有因此感到沮喪，他說：「我是不是拿破崙的孫子已經不重要，重要的是我明白一個成功的道理：你相信的時候，它就是真的。」

沒有自信，就沒有成功。一個獲得巨大成功的人，首先是因為他自信。

有人說，自信是成功的一半，這句話非常正確。

自信的人依靠自己的力量去實現目標，自卑的人只能憑藉僥倖。

古往今來，許多失敗者之所以失敗，究其原因，不是因為無能，而是因為缺乏自信。自信，使不可能成為可能，使可能成為現實。缺乏自信，使可能變成不可能，使不可能變成毫無希望。

一分自信，一分成功；十分自信，十分成功。如果你總是在問自己：我可以成功嗎？這個時候，你無法摘取成功的花朵。滿懷信心地對自己說：我一定可以成功。這個時候，收穫的季節已經距離你不遠了。

我成功，因為我志在成功

心存疑惑，就會失敗；相信勝利，必定成功。相信自己可以成功的人，就會成就事業；認為自己無法成功的人，永遠一事無成。

成功表示許多美好而積極的事物。**成功！成功！這就是生命的最終目標**。最實用的成功經驗，可以在《聖經》的章節中找到，那就是：「堅定不移的信心可以移山」。可是真正相信自己可以移山的人不多，真正做到「移山」的人也不多。

有時候，我們可能會聽到這些話：「只是像阿里巴巴那樣喊：『芝麻，開門！』就想要把山移開，那是根本不可能的。」確實，我們無法用「希望」移動一座山，也無法用「希望」實現目標，但是拿破崙．希爾告訴我們：只要有信心，就可以移動一座山。只要相信自己可以成功，就可以贏得成功。關於信心的威力，沒有什麼神奇或神秘可言。信心發揮作用的過程是這樣的：相信「自己可以做到」的態度，產生能力、技巧、精力這些必備條件，相信「自己可以做到」的時候，就會想出「如何去做」的方法。

每天都有許多年輕人從事新工作，他們「希望」可以登上最高階層，享受隨之而來的成功果實。但是他們絕大多數不具備必需的信心與決心，因此他們無法到達頂點。因為他們認為自己無法到達頂點，以致無法找到登上巔峰的途徑，他們的作為只是停留在一般人的程度。但是還是有少數人相信自己一定會成功，他們抱持「我就要登上巔峰」（這不是不可能）的積極態度去進行各項工作。這些年輕人仔細研究許多主管的各種作為，學習他們分析問題和做出決定的方式，並且留意他們如何應付進退。最後，他們終於依靠堅強的信心達到目標。

信心是成功的秘訣。拿破崙曾經說：「我成功，是因為我志在成功。」如果沒有這個目標，拿破崙就不會有毅然的決心與信心，成功也會與他無緣。

你的夢想畫面，就是你成長的動力

人們會先去做自己想要做的事情，然後才去做應該做的事情，所以才會把比較多的錢用在娛樂上，而不是自己和家人的教育和健康上。

一項研究顯示，大多數的富翁會專心打造一個夢想，不會在一開始就見錢眼開。你夢想的畫面，就是你成長的動力。

當年，達美樂披薩的創辦人莫納漢只開了一間披薩店，只負責熱披薩給住在附近大學宿舍裡的學生。他把這個工作當作自己生活的一部分，於是他創造出價值數十億美元的財富。

一位漫畫家五歲的時候，立志要在漫畫界有所作為。十五歲的時候，他到漫畫界闖蕩，因為他明白自己的興趣與能力，無怨無悔地走自己要走的路並且樂在其中，所以他才會獲得傑出的成績。

從現在開始，在心中擬定自己未來五年的願景，想像達到願景以後與最愛的人一起分享的場景，讓這些人的期盼成為刺激自己進步、讓自己採取行動的最佳動力！

很多人經常會找收入最高、離家最近、保障最多、福利最好的工作，完全不考慮自己成長和發展的機會。如果你追求的是金錢，就會變成金錢的奴隸。相反地，如果你下定決心為心中的願景無怨無悔地付出，金錢就會向你靠攏，你也會成為金錢的主人。

成長的力量是巨大的，這種力量不是外力導致的，依靠的是你的心。成功人士的人生方向非常明確，因為他們心中有清晰的願景。

「金錢」只是成就的一部分，不是目標的全部。金錢不應該是人生的主要動力，年齡高低不能阻礙自己發掘天賦，做自己熱愛的事情。我們專注於內在動力的時候，所有努力自然會開花結果。

將自己前進的動力交給別人來激發不會長久，只能依靠自己的內在來發掘和捕捉。因為，內在自發的動力才可以長久，外在的刺激和鼓勵只是暫時的！

如何在五年以內使夢想成真？

一九七六年的冬天，十九歲的麥可在休士頓一家實驗室工作，他希望自己將來從事音樂創作。寫歌詞不是麥可的專長，他找到擅長寫歌詞的薇樂莉，想要和她一起創作。薇樂莉瞭解到麥可對音樂的執著，以及目前不知道從哪裡下手的迷茫，決定幫助他實現自己的夢想。

薇樂莉問麥可：「想像五年以後你的生活是什麼樣子？」

麥可沉思幾分鐘以後告訴她：「第一，我希望可以有一張很受歡迎的唱片在市場上；第二，我希望可以住在一個很有音樂氛圍的地方，與世界一流的音樂家一起工作。」

薇樂莉說：「我們現在把這個目標倒算回來。如果第五年，你有一張唱片在市場上，第四年就要跟一家唱片公司簽約。」

「第三年，要有一個完整的作品，可以拿給很多唱片公司聽。」

「第二年，要有很棒的作品開始錄音。」

「第一年，要把自己所有準備錄音的作品全部編曲，進行排練。」

「第六個月，要把那些沒有完成的作品進行修改，然後讓自己逐一篩選。」

「第一個月，要把目前這幾首曲子完成。」

「第一個星期，要列出一張清單，排出哪些曲子需要修改，哪些曲子需要完成。」

「好了，現在我們不是已經知道下個星期一要做什麼嗎？」薇樂莉笑著說。

「你說五年以後，要住在一個很有音樂氛圍的地方，與世界一流的音樂家一起工作，對嗎？」她接著說，「如果第五年，你已經與這些人一起工作，第四年就要有自己的工作室或是錄音室。第三年，要先跟這個圈子裡的人一起工作。第二年，應該搬到紐約或是洛杉磯居住。」

薇樂莉的五年規劃體系，讓麥可受益匪淺。次年（一九七七年），他辭去讓許多人羨慕的工作，離開休士頓，搬到洛杉磯。一九八三年，一位當紅歌手誕生了——麥可的唱片專輯在美國暢銷幾千萬張，他與世界一流的音樂家一起工作。

五年以後，你「最希望」看到自己的生活是什麼樣子？在你的生命中，上帝已經把所有「選擇」的權力交在你手上。五年以後的結果，取決於五年以前的選擇。擁有明確的選擇——只要我們尋找，上帝就會為我們祈禱；只要我們努力，上帝就會為我們開路。

一第四章一

要做生活的主人，不當敗將

關於失敗者與成功者的特質對比

為什麼有人成功，也有人失敗？自從人類不滿意穴居的生活方式，不斷地努力讓自己過得更舒適，人們就開始思索這個問題。關於失敗者與成功者的特質，以下的比較可以給你更清楚的概念：

成功的人清楚地知道自己想要什麼，有一套完整的計畫；他相信自己做得到，並且投注大量的時間和心血。失敗的人沒有明確的人生目標，認為成功只是靠運氣，因而做事被動，不肯用心。

成功的人是一流的推銷員，深諳以友善的方式，讓別人樂於配合執行他的計畫與目標。失敗的人總是責怪別人，其挑剔的態度令人不敢領教。

成功的人在說話之前會經過思考，經常讚美別人，對別人的批評多半一語帶過，甚至隻字不提。失敗的人正好相反，經常不假思索脫口而出，事後懊悔不已，而且容易得罪別人。

成功的人對於有把握的事情才會表示意見，並且言之有物。失敗的人對於所知有限，甚至全然無知的事情也信口開河。

成功的人可以掌握時間，在金錢上量入為出。失敗的人虛度光陰，對於金錢揮霍無度，完全不懂得珍惜與節制。

成功的人熱忱待人，與志同道合的人維持深厚的友誼。失敗的人只和有利害關係的人來往。

成功的人心胸開闊，對於所有的人、事、物有很大的包容性。失敗的人心胸狹小，稍不順心就會小題大做，使人們敬而遠之。

成功的人隨時掌握時代的脈動，除了自己的行業與社區，也關心全世界的發展。失敗的人急功近利，只在乎自己眼前的需要，甚至不擇手段。

成功的人對人生抱持積極樂觀的態度，知道自己獲得的地位與成功，取決於服務別人的質與量，因此總是做的比說的更多。失敗的人期望不勞而獲，如果無法如願，反而會責怪別人的貪婪。

成功的人對造物者十分崇敬，經常用禱告及幫助別人來表達自己的感恩之心。失敗的人過分重視物質享受，只要有機會，不惜犧牲別人來滿足自己。

我們可以看得出來，成功者與失敗者，在思想及行為上有很大的不同。每個人成功或失敗，完全取決於他對別人和對自己的態度。

如何尋找一個讓自己成功的新環境？

決定我們一生成就的重要因素，不是我們的命運，而是我們身處的環境。或許我們沒有能力去創造環境，但是我們可以去選擇環境。

正值趕考時節，有一個秀才欲赴省城科考，但是妻子隨時可能臨盆。留她一人在家中也不能安心，於是帶著妻子同行，希望可以到省城之後才生產。一路旅途勞頓，不知是否動了胎氣還是孩子急著出來，妻子竟然在半途肚子痛了起來，眼看就要生產了。

沿途住家稀少，勉強前行一段路，才找到一戶人家，秀才急忙上前敲門。這戶人家以打鐵為業，剛巧鐵匠的妻子也要生產。算來也是秀才的運氣好，現成的產婆順便幫妻子接生。

過不多時，秀才的妻子和鐵匠的妻子安然產下兩個兒子，母子俱皆平安，兩個男嬰竟然是同年同日同一時辰生下的。

十六年以後，秀才的兒子長大了，也繼承父業，考上秀才。老秀才大喜之餘，想起鐵匠的兒子與自己的兒子生辰時刻相同，此時必定也是一個秀才。

回想當年收容妻子臨盆之恩，老秀才立刻準備四樣禮物，專程趕往鐵匠家中，欲向他道賀兒子高中之喜。

到了鐵匠家中，只見老鐵匠坐在門口吸著旱煙，屋內一個年輕後生，精赤上身忙著打鐵。

老秀才將禮物呈上，並且問老鐵匠的兒子去哪裡。

老鐵匠指了指門內，說：「喏，不就在那裡，哪裡也沒去啊！」

老秀才詫異地說：「是他，這可奇怪了。按照命理說來，你兒子和我兒子生辰時刻相同，八字也一樣，應該也是一個秀才，怎麼會……」

老鐵匠大笑：「什麼秀才，這個小子從小跟著我打鐵，大字識不得一個，拿什麼去考秀才啊！」

老秀才至此大悟，生辰命理不算數，處於不同環境的際遇，自然也會不同。

這個故事告訴我們：決定我們一生成就的重要因素，不是我們的命運，而是我們身處的環境。

命運的形成多半由於習慣的累積，習慣是持續的同一行為養成的，行為是思想衍生的結果。所以，命運是可以改變的，此刻面臨的命運結局，是過去的思維模式造成的。

想要將來有更好的命運，現在可以調整思想的模式，使之往好的方向發展。有好的思想，就可以產生好的行為；有好的行為，就可以養成好的習慣。好的習慣可以導致好的命運，達到改變命運的目的。

另一個對成就影響巨大的因素，就是環境的問題。我們所處的環境，以個人的力量是難以改變的。

正如故事中秀才與鐵匠兒子的際遇不同，一個資質優秀的人，如果處於難以成功的環境中，其成就亦是有限；一個資質平凡的人，如果置身於成功者之間，而且機會無窮，想要不成功也很困難。

環境對於一個人的影響至深至遠，我們不能等閒視之，必須隨時檢查自己所處的環境，是否可以幫助我們成功，是否充滿積極正面的力量，是否存在許多成功者足以帶動我們。

環境雖然難以改變，卻可以更換。如果你認為自己現在所處的環境無法提供自己獲得成功的幫助，建議你去尋找一個可以讓自己成功的新環境，使自己的潛能得以激發，成功必定指日可待。

如果有好創意，現在就去做

一定要讓優柔寡斷和猶豫不決從自己的生活中離開，從現在就開始做！

猶豫不決的人總是想要等待最佳時機才去做事，實際上，這些人就是缺乏立刻開始的決心，因為「應該那樣做，卻沒有那樣做」經常讓許多人遺憾終生。如果想要成就事業，千萬不能這樣說：「我有很多計畫沒有實現。」這種人應該說「我現在就去做，要立刻開始」的時候，卻說「有一天，我一定會去做」。

隨時記住班傑明・富蘭克林的話：「今天可以做完的事情，不要拖到明天。」這就是我們經常說的：「今日事，今日畢。」

如果隨時想到「現在」，就會完成許多事情；如果隨時想到「有一天」，就會一事無成。

幾年以前，一位很有才氣的教授想要寫一本傳記，專門研究「幾十年以前，一些讓人們議論紛紛的人物軼事」。這個主題有趣又少見，非常吸引人。這位教授博學多聞，文筆非常生動，這個寫作計畫註定會為他贏得名譽和財富。

一年以後，一個朋友遇到他，無意中提到那本書，並且問他是否即將大功告成。可是他非常慚愧地告訴朋友，自己還沒有動筆。他猶豫一下，好像在思考如何解釋比較好。最後，他說自己太忙了，還有許多更重要的工作要完成，所以沒有時間寫作。他這樣解釋，等於是把這個寫作計畫埋進墳墓裡。他還沒有開始寫作，就已經擔心寫作是多麼累人的工作，已經設想失敗的理由。

具體可行的創意很重要，我們要有創造與改善任何事情的創意。成功和那些缺乏創意的人永遠無緣，但是我們不能曲解其中的含義。因為只有創意還不夠，那種可以使自己獲得更多生意或是簡化工作步驟的創意，只有在真正實施的時候才有價值。

每天都有數以千計的人把自己辛苦得來的想法取消或是否決，因為他們不敢執行。但是過了一段時間之後，這些想法又會回來折磨他們。

所以，請記住以下兩種想法：

第一，確實執行自己的創意，以便發揮它的價值。無論創意有多麼好，除非真正身體力行，否則永遠如同廢話。

第二，執行的時候，內心要平靜。拿破崙・希爾認為，世界上最悲哀的一句話是：「我當時應該那樣做，卻沒有那樣做。」我們經常聽到別人說：「如果我幾年以前開始著手計畫那筆生意，現在就發財了！」或是「我已經料到了，很後悔當時沒有做！」一個好創意如果胎死腹中，真的會讓人嘆息不已，永遠無法釋懷。

你已經想到一個好創意了嗎？如果有，現在就去做。

讓意外變成驚喜的法則

偉大的生活基本原則都是包含在許多人永遠不會注意的日常生活經驗中，同樣地，真正的機會也經常藏匿在看起來不重要的生活瑣事中。

你可以立刻去詢問自己遇見的任何十個人，問他們為什麼無法在自己從事的行業中獲得更大的成就。這十個人之中，至少有九個人會告訴你，他們並未獲得好機會。你可以對他們的行為進行觀察，以便對他們做出正確的分析。我敢保證，你將會發現，他們在每個小時之中，不知不覺地把自動來到他們面前的機會推掉了。

有一天，拿破崙・希爾站在一家商店出售手套的櫃檯前，和受雇於這家商店的一個年輕人聊天。他告訴拿破崙・希爾，自己在這家商店已經服務四年了，但是由於這家商店的「短視」，他的服務並未受到老闆的賞識，因此他目前正在尋找其他工作，準備跳槽。在他們談話的時候，有一位顧客走到他的面前要求看看帽子。這個年輕店員對這位顧客的請求置之不理，繼續和希爾談話，這位顧客已經表現出不耐煩的神情，他還是不理。最後，他把話說完了，轉身向那位顧客說：「這裡不是帽子專櫃。」那位顧客又問，帽子專櫃在什麼地方。這個年輕人回答：「你去問那邊的管理員，他會告訴你怎麼找到帽子專櫃。」

四年多以來，這個年輕人一直處於很好的機會中，但是他卻不知道。他本來可以和自己服務的每個人變成好朋友，這些人可以使他成為這家店裡最有價值的人。因為這些人會成為他的老顧客，不斷回來與他交易。他拒絕或是忽視運用自制力，對顧客的詢問不理不睬，或是冷淡地隨便回答，把許多好機會推掉了。

某一個雨天的下午，有一位老婦人走進匹茲堡的一家百貨公司，漫無目的地在裡面閒逛，一副不打算買東西的態度。大多數的售貨員只對她瞧上一眼，然後忙著整理貨架上的商品，以避免這位老婦人去麻煩他們。其中一個年輕的男店員看到她，立刻主動地向她打招呼，很有禮貌地詢問她，是否有需要他服務的地方。這位老婦人對他說，自己只是進來躲雨，不打算買任何東西。這個年輕人安慰她，即使如此，她仍然很受歡迎。他主動和她聊天，以顯示自己確實歡迎她。她離去的時候，這個年輕人陪她走到街上，幫她把雨傘撐開。這位老婦人向這個年輕人要了一張名片，然後逕自離開了。

後來，這個年輕人完全忘記這件事情。但是有一天，他突然被老闆叫到辦公室，老闆向他出示一封信，是一位老婦人寫來的。這位老婦人要求這家百貨公司派一個銷售員前往蘇格蘭，代表公司接下裝修一所豪華住宅的工作。這位老婦人就是美國鋼鐵大王卡內基的母親，也就是這個年輕店員在幾個月以前很有禮貌地護送到街上的那位老婦人。在這封信中，卡內基的母親特別指定這個年輕人代表公司去接下這項工作。這項工作的交易金額數目龐大，這個年輕人如果不是好心地招待這位不想買東西的老婦人，永遠無法獲得這個極佳的晉升機會。

突然成名的人在成名之前做了什麼？

只是在別人注意或是主管在旁邊的時候才會努力工作的人，永遠無法到達成功的巔峰，因為最嚴格的表現標準應該是自己設定的，不是由別人要求和提出的。

如果你對自己的期望比主管對你的期望更高，就不必擔心會失去這份工作。同樣地，如果你可以達到自己設定的最高標準，你的快速成長必定指日可待。

我們經常會發現一些突然成名的人，其實在成名之前，這些人已經默默無聞地奮鬥很久。

成長是一種累積，無論什麼行業，想要攀上頂峰，就要長期的努力和精心的規劃。想要登上成功的巔峰，就要保持自動自發的精神，在快速成長中耐心等待更高的人生回報。養成這種自動自發的習慣，就有可能成為出色的人。那些出色的人是因為他們以行動證明自己勇於承擔責任和值得信任。

成就偉大事業的人和凡事得過且過的人最根本的區別在於：成功者會為自己的行為負責，

失敗者只知道討好別人、被動地完成任務，不會對自己的所作所為承擔任何責任。

大多數的工作其實很簡單，但是在那些優秀的人看來，這些工作可以潛移默化地給予自己寶貴的經驗。無論在怎樣的工作環境中，也不管從事何種層次的工作，他們都可以學會許多東西。

如果你在每項工作中深信這一點，你的生活就會變得更好。

從今天開始，從現在的工作開始，不必等到遙遠的、未來的某一天，你找到理想的工作再行動。自動自發的人可以隨時把握機會，展現超出別人要求的工作表現，他們擁有以目標為導向、不惜打破常規的智慧和判斷力。他們工作的最終目標，不是公司和主管的目標要求，而是自己心中的最好。

一個優秀的管理者，不僅是公司戰略目標的執行者，也是努力培養員工主動性、自尊心的教練。員工主動性的高低，經常會影響工作時候的表現。工作主動性低的員工，避免犯錯、墨守成規，只求忠誠公司規則，主管沒有交辦的事情，絕對不會插手；工作主動性高的員工，勇於負責，有獨立思考能力，必要的時候會發揮創意，出色地完成任務。

什麼是自動自發？自動自發就是沒有人要求和強迫，自覺而出色地完成自己的任務。自動自發的人對待工作是勤奮的，對待老闆是忠誠的，對待公司是敬業的，對待自己是負責的。

一個人失敗的主要原因是什麼？

如果一個人憑著自己的良好品格，可以讓別人在心裡佩服他、認同他、信任他，這個人就等於擁有成功的優勢。但是，真正懂得如何獲取別人信任的人少之又少。大多數的人都在無意之中為自己邁向成功的路上設置一些阻礙，例如：有些人態度不好，有些人缺乏機智，有些人不善於待人接物，經常使一些有意和他們深交的人感到失望。

我們應該努力打造自己良好的名譽，使人們願意與自己深交，願意竭盡心力地幫助我們。一個明智的商人，不僅要有經商的交際手腕，為人也要十分誠實和坦率，做決策的時候更要有堅定而迅速的決斷力。

許多銀行在貸款的時候非常有眼光，對那些資本雄厚但是品行惡劣的人，絕對不會貸給他們一分錢；但是對那些缺少資本但是吃苦耐勞、小心謹慎、隨時把握商機的人，願意慷慨相助。銀行貸款部門的員工們在貸出一筆款項之前，會對申請人的信用狀況進行深入調查：對方公司的營運狀況是否穩定、對方個性沉穩內斂還是好大喜功，必須認定對方確實可靠的時候，他們才會貸出款項。

我們應該知道：「人格是一生中最重要的籌碼。」如果讓自己的信用破產，就等於典當自己的人格。

一個人的習慣會影響他的品格，進而影響其日後的發展。有些人原本品格十分受人讚賞，但是因為沾染惡習，致使自己沒有出頭之日。很多人不注意自己的言行，但是久而久之，可能會因為一些惡習而遭人排擠，等到發現的時候感到懊悔不已，這個時候的懊悔又有什麼用？

有志向的年輕人，為了自己的前途，必須抵抗不良的誘惑，在任何誘惑面前，都要堅定決心、不為所動；善於克制自己，不飲酒、不賭博、不弄虛作假，不會因為毫無意義的花費而舉債，從事的娛樂項目是正面而有意義的，否則只要稍動邪念，就會輕易地毀掉自己努力建立的信用和品格。如果仔細分析一個人失敗的原因，就會發現多半是因為他有許多不良習慣，驅使他逐漸走向罪惡。

一個人如果失信於人，別人就不會和他親近或是有金錢上的往來，寧願去找信用可靠的人，也不會再找他，因為他的不守信用會惹出許多麻煩。

一般說來，最容易成功的人不是那些才華洋溢的人，而是那些可以用親切和藹的態度使人

們留下好印象的人。教師認為最有前途的學生，是那些可以博得自己歡心的孩子；老闆最滿意的員工，是那些與自己最投緣的人。

人們彷彿都是如此認為：如果有人可以使我們感到高興，即使事情的發展與自己的願望稍有違背，也沒有關係。

想要成就任何事業就要持之以恆，想要獲得別人的信任同樣如此。不要今天裝出笑臉，明天故態復萌，顯露出粗俗急躁的本性。這樣一來，不僅無法獲得人們的信任，還會讓人覺得你是一個虛偽的人。

大多數的生活敗將最喜歡做什麼？

要做生活的主人，不當敗將，就不要抱怨，多思考，多行動，多解決問題。

一個人的妻子經常妒忌別人，而且吝嗇又喜歡吵架，他十分後悔娶了這樣的妻子，卻無計可施。

妻子對什麼都不滿意，沒有一件事情如她的意，不是嫌這個起床太晚，就是說那個上床太早，說黑不是，說白也不行，或是找出其他事情來抱怨。僕人們憋著一肚子氣，丈夫也忍無可忍。

「先生什麼事情都不管，先生花錢如流水，先生又要出去，先生總是在家休息。」她整日不停地嘮叨，丈夫對她實在沒有辦法，把她送去鄉下的娘家，並且讓她和飼養火雞的女僕菲莉每天待在一起。過了一段時間，丈夫心想，妻子的脾氣可能有所好轉，就去鄉下把她接回城裡。

「哎，你在鄉下做什麼？你每天是如何度過的？對鄉下淳樸的民風習慣嗎？」

「還可以吧，」妻子回答，「只是看到那裡的人比家裡的人更懶惰，我就會不高興。他們完全不關心自家的牲畜，我經常為他們提供意見。對於那些不把事情放在心上的人，我全部得罪了。」

「唉呀，太太，」丈夫生氣地說，「假如你這麼喜歡惹是生非，那些整日看你對他們發脾氣的僕人要如何生活？我這個整日與你相伴的丈夫又要如何生活？你還是回去鄉下吧，除非在我有生之年想要把你接回來！為了懲罰我的罪過，也許在我死後到了陰間，又遇到兩個像你這樣的女人隨時在我的身邊，那就糟了！」

喜歡抱怨的人，大多數是生活中的敗將。他們勤於批評別人，卻拙於檢討自己。遇到不如意的事情，他們不會反省自己，反而將不如意歸咎於別人的過錯。於是日積月累，他們自視越高，在生活中卻失敗得越慘！

如果抱怨變成習慣，我們就會成為一個睜眼的瞎子——目中無人，還會有百尺竿頭更進一步的動力嗎？

學會以謙虛、嚴格的態度待人律己，才可以深刻地體悟人生。

不要再抱怨，讓我們隨時以此警示自己，從今天開始。

為什麼成功者總是比別人幸運？

初春的一天，一位肉品加工公司的老闆躺在沙發上看報紙，突然，一則新聞讓他睜大雙眼：「B地將會流行豬瘟。」這位老闆立刻推測，如果B地有豬瘟，必定從A地和C地傳入D地，這兩個地方是肉品供應的主要中心。這兩個地方如果流行豬瘟，肉類供應必定緊張。

證實這個消息的可靠性之後，這位老闆傾囊購買兩地的生豬和牛肉，並且及時運往目的地。不出所料，從B地傳來的瘟疫蔓延到許多地方，政府立刻禁止這些地方的食品外運。於是，肉類價格暴漲，肉類缺乏。這位老闆幾個月以內大賺一筆，佔盡風光。

這位老闆的成功，可以解釋一些問題：為什麼有些人總是可以得到比別人更多的機會？為什麼面對同樣的機會，有人成功了，有人卻失敗了？為什麼有些資質平凡的人可以得到命運的青睞，有些資質優秀的人卻最終毫無作為？為什麼成功者總是比別人幸運？這些問題的答案，都可以歸結為一句話，那就是：機會只偏愛那些為了事業的成功做出最充分準備的人。換句話說，只有在「萬事俱備」的情況下，東風才會顯得珍貴和富有價值。

從某種意義上說，機會是被人們創造出來的，是人們的主觀積極性和外界環境變化的客觀必然性的結合。主觀條件的增強會影響到客觀環境的變化，使好的機會更容易產生。同樣地，客觀機會已經出現以後，那些不斷努力提高自身素質的人就會比一般人更容易接近和抓住這些機會。

許多成就事業的人都是創造機會的高手，他們總是在努力，總是在奮鬥。剛開始的時候，他們是在尋找機會，如果他們自身的實力累積到一定程度的時候，機會就會主動登門拜訪。而且，隨著他們自身實力的不斷提高，知名度的不斷增加，其面臨的發展機會也會相應地提高。可以說，沒有他們的努力，就不會有這麼多的機會。從這個角度來說，機會是那些有準備的人創造出來的，是對其努力的一種肯定和回報。

如果機會可以被人們輕易地得到，就會顯得沒有多少價值。**事實上，機會是一種條件苛刻的社會資源，想要得到它，必須付出相當的代價和成本，並且具備相應的足以勝任的資格。**這一切，離不開長期艱苦的準備，有準備的人可以捷足先登。

這就是機會為什麼更偏愛有準備的人的原因。

成就事業的人可以獲得命運的青睞，是因為他們可以在機會來臨之時抓住機會，更是因為他們在機會來臨之前進行漫長和充分的準備。他們就像許多充滿活力的種子，在黑暗的泥土中累積養分和能量，如果聽到春風的呼喚，就會破土而出，長成挺拔俊秀的棟樑之材。

百折不撓的毅力，是成功人生的必備條件

冠軍永遠是那些百折不撓的人，試了幾次沒有成功，就再試幾次。是否可以成功，取決於自己是否可以堅持到底。許多人沒有達到目標，原因就是沒有堅持到底。百折不撓的毅力，是成功人生的必備條件。

在我們的一生中，不可能總是處於順境，有時候會被三振出局，但是只要繼續參加比賽，就可以擊出讓自己滿意的成績。

悲觀而無能的人自以為是、自作聰明，他們經常滿懷歉意地說：「這件事情我辦不到」「這對我來說太難了」「我不可能成為這樣的人」。他們真正的意思是：那不是我的責任，我也不具備那種能力，因此不必那麼辛苦地竭力奮鬥。

相反地，健全而快樂的人洞悉世情、自知甚深，他們知道偶然的失敗是人之常情，為這樣的事情過分自責，未免浪費精力，不如把自己的精力放在追求嘗試下一次的成功上。

世界上已經尋獲的鑽石中，最大最純的一顆名為「自由者」的鑽石，就是一位名叫索拉諾的委內瑞拉人在挑選九十九萬九千九百九十九顆普通石頭的最後一次彎腰抬起的「鵝卵石」。

大多數人經常犯的毛病，就是不願意再試幾次。

林肯失業以後，感到很難過，但是他下定決心要成為政治家，當上州議員，糟糕的是——他競選失敗了。一年之中遭遇兩次打擊，對他來說是痛苦的。他開始創辦自己的公司，可是不到一年，這家公司又倒閉了。

在往後的十七年之間，他不得不為償還公司倒閉的時候欠下的債務而到處奔波。他決定再次競選州議員，這次他成功了。他的內心萌發一絲希望，認為自己的生活出現轉機：「我也許可以成功了！」

林肯訂婚了，但是結婚之前幾個月，未婚妻不幸去世。這對他精神上的打擊實在太大了，他心力交瘁，數月臥床不起，甚至罹患神經衰弱症。後來，他覺得身體狀況良好，決定競選州議會議長，可是他失敗了。他又競選美國國會議員，但是這次仍然沒有成功。

他雖然不斷地嘗試，卻不斷地遭遇失敗：公司倒閉、情人去世、競選失敗。要是你遭遇這些事情，你會不會放棄——放棄這些對你來說重要的事情？他沒有放棄。

他再次競選國會議員，最後終於當選了。兩年任期很快過去了，他決定爭取連任。他認為自己作為國會議員的表現很出色，相信民眾會繼續支持他。但是結果很遺憾，他落選了。

因為這次競選，他賠了一大筆錢，他申請擔任本州的土地官員。但是州政府退回他的申請，並且指出：「擔任本州的土地官員要有卓越的能力和超凡的智力，你的申請無法滿足這些要求。」

接著又是兩次失敗，但是他沒有認輸。他競選參議員，但是失敗了；兩年以後，他競選美國副總統提名，結果被對手擊敗；又過了兩年，他再次競選參議員，還是失敗了。

在林肯大半生的奮鬥過程中，有九次失敗，只有三次成功，第三次成功就是當選美國第十六任總統。

屢次的失敗沒有動搖他堅定的信念，而是產生激勵和鞭策的作用。

面對失敗，林肯沒有退卻，而是繼續堅持下去。他始終有充分的信心向命運挑戰，從來沒有想過要放棄。他可以畏縮不前，但是他沒有退卻，所以迎來輝煌的人生。

失敗作用於人們的兩種途徑

一個不輕易放棄的人，不會因為一時的失敗和挫折而失去對事業的信心，在追求事業的過程中，不怕坎坷，是一個無法擊垮的人。

美國歷史上的百貨大王梅西年輕的時候出海工作，後來開了一家雜貨店，賣一些針線，但是很快就倒閉了。一年以後，他又開了一家雜貨店，還是以失敗告終。在淘金熱席捲美國的時候，梅西開了一家飯館，原本以為供應淘金客飲食是穩賺不賠的生意，豈料多數淘金者一無所獲，什麼也買不起，這樣一來，飯館又倒閉了。

後來，梅西滿懷信心地從事布匹服務生意，可是這次他不只是倒閉，簡直是徹底破產。不死心的梅西又從事布匹服務生意，這次他時來運轉，生意做得很靈活，甚至把生意做到街上的商店。

從第一天開張的時候帳面上收入只有十美元，到現在位於曼哈頓中心地區的商店，梅西的公司已經成為世界上最大的百貨商店之一。

另一個飽嘗失敗滋味的零售商是潘尼。

潘尼高中畢業以後，在一家布匹服裝店當了十一個月的夥計。潘尼的身體不好，醫生勸他到戶外活動。於是，潘尼開始從事零售商的生意，他把歷年所得全部投進一家肉鋪。肉鋪的最大顧客是當地一家旅館，這家旅館的廚師兼採購是一個嗜酒如命的人。有一天，他跟年輕的潘尼說，以後只要潘尼每個星期送他一瓶酒，他就把這個旅館的生意給潘尼做。潘尼沒有答應，認為這是賄賂。於是，他們之間的生意從此斷絕，潘尼的小店也開不下去了。

不得已，潘尼只好再去一家布匹服裝店當店員。他以行動和言詞說服這家店的兩位店主，讓他當第三個合夥人：他出一筆錢，加上原店的部分存貨，由他獨自經營一家新店。這個主意就是聯合經營最初的思路。過了幾年，潘尼開始他自豪的聯合經營商店生意，他允許員工享有自己從前曾經享有的機會。

潘尼的聯合經營商店發展到三十四家的時候，潘尼公司誕生了。如今，這家公司已經擁有兩千六百家分店。此外，它還涉足銀行、信用貸款、電子業。

通往成功之路並非一帆風順，有失才有得，沒有面對失敗考驗的心理準備，過不了多久就會走回頭路。

失敗是測定個人軟弱程度的最好「裝置」，而且它會隨之提供克服弱點的機會，在這個意義上，失敗又成為一種「幸運」。

失敗作用於人們的途徑，只有以下兩種：

成為對更大努力要求的挑戰；

打擊人們再試一次的勇氣。

大多數人都是在失敗信號來臨的時候放棄希望，止步不前，甚至沒有任何徵兆就感到失望。然而，傑出的人物不是這樣，他們總是在失敗之後，不輕易放棄，繼續堅持下去，鼓起更大的熱情和勇氣。

如果一個人在連續失敗之後還是躍躍欲試，表示成功的種子已經在他的心田裡發芽成長，只要給予它希望與信心的陽光雨露，就可以獲得豐碩的果實。

看不到希望，就無法激發動力

看不到將來的希望，就無法激發現在的動力，消極態度會摧毀人們的信心，使希望泯滅。消極態度就像一劑慢性毒藥，吃了這副藥的人會變得意志消沉，失去任何動力，就會距離成功越來越遠。

拿破崙・希爾說過一匹賽馬的故事。

「格里爾」是一匹著名的良種賽馬，曾經取得許多賽馬比賽的好成績，被認為是一九〇二年七月比賽中的種子選手。事實上，牠確實很有希望獲勝——牠被精心地照顧和訓練，並且被廣告宣傳為唯一可以擊敗在任何時候都佔據優勢的「戰鬥者」賽馬。一九〇二年七月，在阿奎德市舉行的德維爾獎品賽中，兩匹馬終於相遇了。那天是一個莊嚴隆重的日子，起跑點受到萬眾矚目。兩匹馬沿著跑道並列奔跑的時候，人們都知道「格里爾」是在與「戰鬥者」做殊死搏鬥。跑了四分之一的路程，牠們不分高下；甚至，跑了一半的路程，跑了四分之三的路程，牠們仍然不分高下。

在剩下八分之一路程的地方，牠們還是齊頭並進。然而就在這個時候，「格里爾」使勁向前竄去，跑到前面。此時是「戰鬥者」騎手的危急關頭，他在賽馬生涯中第一次用皮鞭持續抽打坐騎。「戰鬥者」的反應是這位騎手似乎在放火燒自己的尾巴，牠猛衝到前面，與「格里爾」拉開距離。相比之下，「格里爾」好像安靜地站在那裡一樣。比賽結束的時候，「戰鬥者」領先「格里爾」七個身長。

「格里爾」原本是一匹精神昂揚的馬，但是這次經歷卻把牠打敗，將牠的隱形護身符從積極一面翻到消極一面。從此以後，牠變得消極、悲觀、一蹶不振，在所有比賽中沒有再獲勝。

我們雖然不是賽馬，但是有很多人卻有「格里爾」精神，他們像「格里爾」一樣，曾經有輝煌的時刻，但是遇到挫折的時候，他們的護身符就會從積極態度變成消極態度，悲觀而失望，看不到希望的燈火，從此一敗塗地。

抱持消極態度的人，對將來總是感到失望，在他們的眼中，杯子永遠不是半滿的而是半空的。消極態度不僅會產生不良後果，而且還有傳染性。俗話說：「物以類聚，人以群分。」聚在一起的人會互相影響，逐漸聚集而變成相同模樣。

此外，消極態度還會限制我們的潛能。

一個人的行為方式，不可能與他的自我評價脫節。抱持消極態度的人，不僅想到外部世界最壞的一面，而且想到自己最壞的一面。他們不敢企求，所以往往收穫更少，遇到一個新觀念，他們的反應是：「這是行不通的，以前沒有這樣做過。」「沒有這個主意，不是也過得很好嗎？」「這個風險太大了，現在條件不成熟，並非我們的責任。」

我們相信會有什麼結果，就可能有什麼結果。抱持消極態度的人，對自己沒有任何期望的時候，就會限制自己取得成功的能力，成為自己潛能的最大敵人。

綜上所述，消極態度是失敗和頹廢的泉源。要想盡辦法遏制這股暗流，不要讓錯誤的態度使自己成為一個不折不扣的失敗者。

繼母的一句話，改變拿破崙．希爾的一生

一個把拿破崙．希爾推向成功之路的重要因素，就是他繼母的熱忱。

拿破崙．希爾在他的書中這樣說：

在我九歲的時候，我的父親娶繼母進門。當時，我們是居住在維吉尼亞州鄉下的貧苦人家，但是她來自富裕的家庭。

我的父親一邊向她介紹我，一邊說：「我希望你注意這個全郡最壞的男孩，他可能會在明天早晨以前拿石頭扔你。」

我的繼母走到我的面前，托起我的頭看著我，然後對我的父親說：「你錯了，這不是全郡最壞的男孩，而是最聰明卻沒有找到地方發洩熱忱的男孩。」

我們憑著她這段話而開始建立友誼，也是這段友誼，使我創造成功的十七項原則，並且將這些原則的影響力發揚光大。在她來之前，沒有人稱讚我聰明，我的父親和鄰居們認為我是壞

孩子，我也表現一些壞行為給他們看，但是我的繼母只說了那句話，就改變了一切。

她還改變許多事情，她鼓勵我的父親去念牙醫學校，我的父親也從那所學校光榮畢業。她把我們家遷到郡府所在地，使父親的牙科診所在那裡會有更好的生意，我和兄弟們也可以接受良好的教育。我的父親最初反對這些建議，最後還是屈服在她的熱忱之下。

我十四歲的時候，她給我一部中古打字機，並且告訴我，她相信我會成為一位作家。我瞭解她的熱忱，我也很欣賞她的熱忱，我親眼看到她的熱忱如何改善我們的家庭生活。我接受她的想法，開始向當地的一家報社投稿。我去詢問卡內基並且接受他委託的時候，仍然從事寫作的工作。我繼母的熱忱，不僅使我有能力抓住這個機會，同時也給我完成卡內基託付的任務的自信和熱忱。

我不是唯一得到我繼母恩惠的人，我的父親最後成為城裡最富裕的人，我的兄弟之中有一位物理學家、牙醫師、律師、大學校長。

熱忱的力量真的很大！這股力量被釋放出來支持明確目標，並且不斷用信心補充它的能量的時候，就會形成一股不可抗拒的力量，可以克服所有的貧窮和不如意。

你可以將這股力量傳給任何需要它的人，這可能是你可以動用熱忱所做的最偉大的工作。激發別人的想像力，激勵別人的創造力，幫助他們和無窮智慧發生聯繫。

拿破崙・希爾說：「培養、展現、分享熱忱，是成功學背後精神原則的完美表現。以熱忱完成自己的工作的時候，就是更進一步的表現，你已經在自己的周圍創造成功的意識，這種成功的意識會對別人造成更好的影響。」

在這個世界上付出的熱忱越多，越可以得到自己想要得到的東西。

哈佛大學關於人生目標調查的著名實驗

有怎樣的目標，就有怎樣的人生。這是真諦，也是無數人證明過的真理。

對於一個正在發展中的人來說，你今天站在哪個位置不重要，但是你下一步要去哪裡卻很關鍵。

我們不能延長生命的長度，但是可以擴展生命的寬度。

或許你覺得現在的地位是多麼卑微，或是從事的工作是多麼微不足道，但是只要你強烈地渴望登上成功的巔峰，並且願意為此付出艱辛的努力，總有一天你會喜笑顏開，如願以償。

在任何年代和任何國家，社會結構都接近一種金字塔狀。大多數人處在金字塔的底部，只有少數人處在金字塔的頂部。處在底層的人們每天辛苦地工作，只能勉強維持自己的生活。處在塔頂的人則是蒸蒸日上，發展前途不可限量。大多數人只能做普通的工作，有普通的收入，少數人在高層做決斷，享受財富。然而，人們往往忽視一點：這些身處頂端的人，曾經也處在底部，是一個默默無聞的員工，他們一步一步地攀上金字塔的頂部。

為什麼是他們達到眾人矚目的高度？

上帝對每個人都是公平的，希爾頓和洛克菲勒不比任何人擁有更多的時間，他們的成就又是從何而來？差距就在於眼光的高度，在於人生的目標！

絕大多數人的一生都在平庸中度過，儘管他們並非如想像中那樣懶惰閒散和好逸惡勞，甚至好吃懶做，他們之中的很多人甚至非常勤懇，但是他們只能扮演無足輕重的次要角色，其根本原因在於他們缺乏真正的內驅力。

社會的要求，別人的約束，使他們對待本職工作還算盡職盡責，但是他們卻很少去想怎樣才可以讓自己的人生有翻天覆地的變化。也就是說，生活中的大多數人，都是沒有目標的人。一個沒有目標的人，又怎麼可以做到優秀，做到成功？

哈佛大學曾經做過一個著名的實驗：

在一群智力與年齡相近的青年中，進行一次關於人生目標的調查，結果發現：三%的人有十分清晰的長遠目標，一〇%的人有清晰但是比較短期的目標，六〇%的人只有一些模糊的目標，二七%的人根本沒有目標。

二十五年以後，哈佛大學再次對他們進行追蹤調查，結果令人十分驚訝！

三％的人全部成為社會各界的精英和行業領袖；一〇％的人都是各個專業領域的成功人士，生活在社會的中上層，事業有成；六〇％的人大部分生活在社會的中下層，胸無大志，事業平凡；二七％的人過得很不如意，工作不穩定，入不敷出，經常抱怨社會和政府，怨天尤人。

如果我們回溯歷史，就會更明顯地感受到這個道理。成就，永遠是由那些擁有崇高志向的人創造的。像萊特兄弟一樣的偉大發明家，或是像曼德拉一樣的社會改革家，他們都以追求卓越作為自己的終身目標，是目標將他們推升到金字塔的頂部。

擋住年輕人前進步伐的，不是貧窮困苦的生活環境，而是內心對自己的懷疑。如果有堅定不移的目標，即使貧窮到買不起一本書，仍然可以經由借閱來獲得知識。我們無法想像一個胸無大志的人會創造一番成就，也無法想像一個像林肯和威爾遜一樣的人，會埋沒在茫茫人海中。他們經歷過一次次的失敗，但是因為有夢想，從來不放棄努力。夢想，造就他們強烈的內驅力，也造就他們成功的人生。

為什麼許多人忙碌地工作卻只能維持生計？

為什麼有些人比其他人更成功，他們賺很多錢，擁有良好的人脈關係，擁有健康的身體，許多人忙碌地工作卻只能維持生計？

有兩位年屆七十歲的老先生，一位認為到了這個年紀已經走到人生的盡頭，就開始料理後事；另一位認為一個人可以做什麼事情不是在於年齡的大小，而是在於有怎樣的想法。於是，他在七十歲高齡之際開始學習登山。

七十歲開始學習登山，這是一個奇蹟，但是奇蹟是由人們創造出來的。成功人士的首要象徵，是他們思考問題的方法。如果你是一個積極思考的人，喜歡接受挑戰和解決困難，就等於成功了一半。

一個人是否可以成功，關鍵在於他的態度。成功者與失敗者之間的差別是：成功者始終用最積極的態度、最樂觀的精神，支配和控制自己的人生。失敗者正好相反，他們的人生不斷地受到過去的失敗與疑慮的影響。

在一個貧窮的鄉村裡，住著兩兄弟。他們受不了窮困的環境，決定離開家鄉，到外面謀求發展。於是，他們去了異鄉。哥哥好像幸運一些，他到了富庶的城市，弟弟卻到了貧窮的城市。

四十年以後，他們幸運地聚在一起。今日的他們，已經今非昔比。哥哥擁有兩間餐館、兩間洗衣店、一間雜貨店，而且子孫滿堂，有些做生意，有些成為傑出的工程師或是電腦科技人才。弟弟成為一位享譽世界的集團總裁，擁有相當數量的企業。經過幾十年的努力，他們都取得成功，但是為什麼他們在事業上的成就，卻有如此大的差別？

兄弟相聚，不免談到分別以來的遭遇。哥哥說：「我到了自由經濟的社會，既然沒有什麼特殊的才華，只能用一雙手煮飯給別人吃，為他們洗衣服。」

「其他人不想做的工作，我全部做了，生活沒有問題，但是事業卻不敢奢望。」

「我的子孫，書雖然讀得很多，也不敢妄想，只能安分守己地做一些技術性的工作來謀生。至於要進入上層社會，相信很難辦到。」

看到弟弟如此成功，哥哥非常羡慕弟弟。弟弟卻說：「我初來的時候，做一些低賤的工作，但是發現當地人的觀念比較落後和懶散，就以勤勞和智慧開始自己的事業，不斷地收購和擴張，生意就逐漸做大了。」

真實的故事告訴我們：影響人生的不只是環境，心態控制我們的行動和思想。同時，心態也決定我們的視野、事業、成就。

有些人總是喜歡說，他們現在的境況是別人造成的，他們的想法無法改變。但是，我們的境況不是周圍環境造成的。如何看待人生、把握人生，是由我們的心態決定的，心態是真正的主人。

信任可以讓你的身邊出現奇蹟

世界上如果沒有信任，所有的親情、友情、愛情就會失去存在的基礎，每個角落都是爾虞我詐的欺騙，社會將會毫無秩序。信任是最好的支持，它是對人性的肯定，它對人們的幫助在於心理道義上的重建，其意義超過利益的支持。

在一個小鎮上，有一個出名的地痞，整日遊手好閒，酗酒鬧事，人們見到他惟恐躲避不及。一天，他喝醉以後失手打死前來討債的債主，被判刑入獄。

入獄以後的他幡然悔悟，對以往的言行感到非常懊悔。一次，他協助監獄制止犯人集體越獄，獲得減刑的機會。

從監獄出來以後，回到小鎮上重新做人。他先是找地方工作賺錢，結果被許多老闆拒絕。這些老闆曾經被他敲詐，誰也不敢讓他來工作。食不果腹的他向親戚和朋友借錢，遇到的都是不相信的目光，他充滿希望的心，開始滑向失望的邊緣。這個時候，鎮長聽說這個消息，取出一百美元送給他。他收下這筆錢的時候，沒有顯示出激動的表情，平靜地看了鎮長一眼以後，消失在鎮口的小路上。

幾年以後，他從外地歸來。他用一百美元起家，苦命奮鬥，終於成為一個腰纏萬貫的富翁，不僅還清親戚和朋友的舊帳，還帶回來一個漂亮的妻子。他來到鎮長家，恭敬地捧上兩百美元，然後說：「謝謝你！」

事後，費解的人們問鎮長，當初為什麼相信他日後可以還上一百美元，他可是出名的借款不還的地痞。

鎮長笑了笑，說：「我從他借錢的眼神中，相信他不會欺騙我。我那樣做，是讓他感受到社會和生活不會對他冷酷和遺棄。」

就這樣，信任拯救一個即將走向極端的人。

信任別人，就是信任自己的判斷。只有非常自信的人，才可以給予別人非常的信任。信任別人就是信任自己，這是推己及人的道理。信任不值得信任的人，會改變這個人，使他值得信任；信任值得信任的人，會使這個人更值得信任，這就是善花結善果。

信任是伸向失望的一雙手，一個動作可以改變一個人的一生。把信任撒向世界的每個角落，或許在你的身邊會出現一個奇蹟。

—第五章—

不斷地精進，才不會失敗

如何在五年以內賺到五百萬美元？

你經常坐在座位上，想像自己賺很多錢的畫面嗎？

想要賺多少錢？這個問題，每個人的心中都有一個答案。問題是：你憑什麼賺更多的錢？想要賺到你想要賺到的那個數字，就要先檢查自己的合作心態是否正確：是否感覺主管總是在監視自己？是否認為自己下班太晚了就是吃虧？是否認為公司給自己的薪水太少了？是否感覺同事不工作只有自己很忙？是否不好意思告訴朋友自己收入多少……

以上的問題，如果回答超過兩個「是」，你已經很難實現自己心中的那個薪資要求。因為，如此糟糕的合作心態，無法讓你實現自己的目標。

如果你熱切渴望擁有很多錢，你的渴望就會變成魂牽夢縈的迫切企求。

到一個不受干擾的地方，閉上眼睛，大聲說出你的金錢欲望，念出你想要累積的金錢額度、累積的時限，並且敘述你認為交換金錢的商品或服務——設想自己已經完全擁有這筆錢。

例如：假定你打算在五年以內賺到五百萬美元，你決定以業務員的身分提供個人服務用以交換。你的書面目標宣言就可以寫成：

在二〇××年一月一日以前，我要擁有五百萬美元，這筆錢要在這段時間陸續進帳。為了得到這筆錢，我會竭盡自己所能，提供最有效率的服務，以一個××業務員的能力，提供品質最佳、盡善盡美的服務（……講述你想要銷售的商品或服務……）。我相信自己可以擁有這筆錢。我的信心強烈到自己可以看見這些鈔票就在眼前，我可以親手觸及這些錢。現在，這筆錢正在等著轉帳過戶給我，並且和我提供來交換金錢的服務成固定比例。我正在靜候著累積這筆錢的計畫，而且我將在接受計畫的同時，遵照計畫行事。

早晚重演這個情節，直到你的腦海中看見想要的這筆錢。把自己的書面宣言貼在看得見的地方，每天起床以後、睡覺以前誦讀一次，直到已經記住為止。

切記，執行這些指示的時候，你是在運用自我暗示的原理，目的是為了下達命令給自己的潛意識。也要記住，潛意識只會接受帶有感情的指示，所以傳達訊息的時候，要「有情有感」。

任何事情，只要你相信，就可以看見。

我們為什麼要隨時提醒自己去奮鬥？

企圖心說穿了就是野心，但是在許多人的眼中，這些名詞往往被貶為庸俗甚至是惡魔，那是因為人們只看到企圖心做出的壞事，忽視企圖心帶來的追求成功的支持力。企圖心本身沒有對或錯，對或錯的標準只在於你追求的目標是什麼，只要你追求的目標是正常的，擁有強烈的企圖心對自己就是一件好事。

人們的思考是源於某種心理力量的支持。一個內心懶散的人，即使有什麼願望，這些願望對他來說只是漂浮的肥皂泡，因為願望對他沒有美好的誘惑力，他完全沒有力量去思考達到願望的詳細步驟。

有某種願望以後，就要去渴望達到或是追求實現這些願望，不要尋找理由來打擊自己的企圖心。但有一點是必要的，這種願望在你的心中必須是意識可以接受的。

很多人在陌生的城市中奮鬥了幾年，發現自己沒有激情和目標，生活中除了無聊和鬱悶，似乎沒有其他色彩。每天的生活就是麻木地工作、閒聊、發呆、沉迷於網路，對自己不瞭解的事物已經沒有任何好奇心……

如果這個人就是你，你應該醒醒了，應該找回自己的企圖心！

有一句話是這樣說的：如果把箭對準月亮，可以射中老鷹；如果把箭對準老鷹，只能射中兔子。如果你在精力充沛的人生階段是這種狀態，可能也無法射中兔子，淪落到守株待兔的境地，再也沒有射中老鷹的能力。如果你是這樣的狀態，並且打算這樣持續下去，你的人生就完了。

也許你不是這麼糟糕：有激情和憧憬，有歡笑和朋友，就要善加珍惜，塑造自己的企圖心，開始奮鬥吧！不要等到這些激情和夢想消失殆盡的時候枉自嘆息，不要等到風燭殘年的時候感嘆不堪回首！

擁有成功的企圖心，才有可能成功。擁有一顆奔騰不息的企圖心，會為你的生活創造一個孕育動力的落差，隨時提醒你去奮鬥，引導你去奮鬥；隨時讓你與別人不同，讓你可以充滿激情地工作和生活；隨時給你憧憬和力量，讓你接受使命的召喚；隨時為你點燃希望的燭火，讓你在黑夜中不會迷失方向。

為什麼要養成任勞任怨的習慣？

只是從事自己報酬份內的工作，無法獲得人們對自己的有利評價。但是，願意從事超過自己報酬價值的工作，你的行動將會促使與你的工作有關的所有人對你做出良好的評價，增加人們對你服務的要求。

卡洛・道尼斯先生最初為汽車製造商杜蘭特工作的時候，只是擔任很低的職務。然而，他現在已經是杜蘭特先生的得力助手，也是杜蘭特手下一家汽車經銷公司的總裁。他可以獲得這個很好的職位，是因為他提供比他獲得的報酬更好的服務。

拿破崙・希爾去拜訪道尼斯先生的時候，詢問他是怎樣如此迅速地獲得晉升，他以一段話說出整個過程。「我剛去為杜蘭特先生工作的時候，我注意到，每天下班以後，所有人都回家了，但是杜蘭特先生仍然留在辦公室，而且待到很晚，因此我也決定下班以後留在辦公室。沒有人請我留下來，但是我認為應該留下來，必要的時候可以對杜蘭特先生提供任何他需要的協助。」

「因為他經常在尋找某個人幫他把一些文件拿來，或是為他做一個重要服務，他隨時都會發現，我正在那裡等待為他提供任何服務。後來，他養成呼叫我的習慣，這就是整件事情的經過。」

杜蘭特先生為什麼會養成呼叫道尼斯先生的習慣？因為道尼斯自動地留在辦公室，使杜蘭特先生隨時可以看到他，讓他為杜蘭特先生提供服務。他這樣做獲得報酬嗎？是的，他獲得的報酬是得到一個很好的機會，使自己獲得某個人注意，這個人就是有晉升他的絕對權力的老闆。

有許多原因可以解釋你為什麼應該養成「任勞任怨，不計酬勞」的習慣，儘管事實上很少有人這樣做，其中有兩個原因是最主要的：

第一，建立「任勞任怨，不計酬勞」的名聲之後，你將會獲得好處。因為與那些沒有提供這種服務的人相比，你們之間的差別會十分明顯，因此不管你從事什麼行業，將有很多人指名要接受你的服務。

第二，到目前為止，這是你為什麼應該任勞任怨、不計酬勞的最重要原因。也許可以這麼說，假設你想要把自己的右臂鍛鍊得十分強壯，你知道只有利用它來做最辛苦的工作，如果你不使用自己的右臂，讓它長期休養，會使它變得虛弱而萎縮。

身處困境，與之奮鬥可以產生力量，這是大自然永恆不變的一項法則。如果你從事的工作比你獲得的報酬更好，你不僅表現出自己樂於提供服務的美德，也因此發展出一種不尋常的技巧與能力，你可以愉快地從事自己的工作，最後產生足夠的力量，使自己擺脫任何不利的生活環境。

透過學習取得快速成長的三個建議

瞭解自己的成長取向，只有自己變得更好，生活才會變得更好。以成長為取向的人，渴望學習和實踐新的理念和方法。他們對新知識如饑似渴，就像海綿一樣，從周圍吸取自己可以吸取到的一切。

每個人都有一個未開發的智慧庫，但是很多人從來沒有充分利用。我們完全有能力在比自己可以夢想到的更大的領域中學習，並且取得優秀的成果。

二十一世紀屬於全能的人，屬於非常擅長於自己從事的工作以及每天都做得更好的人。想要獲得更多的報酬，就要學會更多的本領，增加更多的價值，不斷提高讓自己做出重要貢獻的能力。

無論你從事什麼工作，成長取向可以幫助你登上專業領域的頂峰。為了自己的將來，把收入的三%投入到學習上。在使自己快速成長的方面投資一元，最終得到的回報可能是十元、一百元、一千元，甚至是一萬元。

你就是自己最有價值的財產。只有不斷地向大腦注入新知識，才可以擁有在更高層次上進行思考和工作的能力。

讓自己每年對大腦的投資與對汽車的投資一樣多。如果你每年用在提高自己技巧和能力的金錢和用在維持汽車運轉上的金錢一樣多，你在幾年以內就會變成同行業最有能力、收入最高的人。

以下是讓你透過學習取得快速成長的三個建議：

每天針對你所在的專業領域閱讀一個小時以上。美國最高收入階層的人士，每天閱讀二～三個小時。在他們看來，這樣才可以保證看清形勢和提高智力程度。

在搭車和運動的時候，收聽教育廣播節目。收聽教育廣播節目，相當於接受全日制的大學教育。僅僅是這個行動，就可以使你成為自己所在領域裡最有見識、收入最高的人。

參加對自己有幫助的課程和研討會。也許這樣需要付出很多費用，但這些是百分之百值得的。因為，你的思維模式和專業視角會發生翻天覆地的改變。

比爾・蓋茲給現代經營者的忠告

很多人也有相同的狀況，他們以為自己「被帶去看」的地方，就是他們一輩子必須待的地方，他們不明白，他們可以和其他人一樣，享受許多同樣的權利。成功是要尋訪、要共用、要想辦法接近的。

不要忽視自己的權利，在試圖「控制命運」的時候，尤其如此！

二十世紀初期，有一個愛爾蘭家庭要移民美洲。他們非常窮困，於是辛苦工作，省吃儉用三年多，終於存錢買了去美洲的船票。他們被帶到甲板下睡覺的地方，全家人以為整個旅程中他們都要待在甲板下，他們也確實是這麼做的，只吃著自己帶上船的少量餅乾充饑。

過了一天又一天，他們以充滿嫉妒的眼神，看著頭等艙的旅客在甲板上吃著奢華的大餐。最後，船即將停靠埃利斯島的時候，這家其中一個孩子生病了，父親去找服務人員並且說：「先生，求求你，可以給我一些剩菜剩飯，讓我的孩子吃嗎？」

服務人員回答：「為什麼這麼問？這些餐點你們也可以吃啊！」

「是嗎？」父親回答，「你的意思是說，整個航程裡我們都可以吃得很好？」

「當然！」服務人員以驚訝的口吻說：「在整個航程裡，這些餐點也供應給你和你的家人，你的船票只是決定你睡覺的地方，沒有決定你的用餐地點。」

想要在變幻莫測的現代社會立足，只學會書本上的知識是不夠的，簡單地模仿別人的經驗也不行。比爾・蓋茲說：「現代經營者必須開動自己的大腦，尋求自己獨到的競爭手段，才可以在激烈的奮鬥中取勝。」

你可能讀過這個有趣的故事：

三個經濟學家和三個數學家一同搭車旅遊。三個數學家買了三張車票，三個經濟學家只買了一張車票。

數學家問：「你們三個人怎麼可以只用一張車票搭車？肯定會被罰款的！」經濟學家笑而不語。

查票員進入車廂查票。三個經濟學家一起躲進廁所，查票員查到廁所門口的時候敲門，然後說：「請拿出車票。」廁所的門只打開一道縫，從裡面伸出一隻手，手裡拿著一張車票。查票員看了一眼，繼續到其他地方查票。

三個數學家覺得這是一個好方法，回程的時候，他們只買了一張車票，準備如法炮製。三個經濟學家知道以後，一張車票也沒有買。

「你們怎麼一張車票也不買就可以搭車？」迷惑不解的數學家問。「你們就等著瞧吧！」經濟學家回答。

上車以後，三個數學家看到查票員來了立刻躲進廁所，很快就聽到敲門聲，數學家把車票遞出去。過了一會兒又有人敲門，三個數學家拿不出車票被要求補票。原來，經濟學家看到數學家進入廁所以後就敲門把他們的車票拿走，然後機智地躲進另一間廁所。

不要忘記明天要做的六件最重要的事情

伯利恆鋼鐵公司總裁查爾斯・施瓦布曾經會見效率專家艾維・利。會面的時候，艾維・利說自己的公司可以幫助施瓦布把他的鋼鐵公司管理得更好。施瓦布承認自己懂得如何管理，但是事實上不盡如人意。可是他說需要的不是更多知識，而是更多行動。他說：「應該做什麼，我們自己是清楚的。如果你可以告訴我們如何更好地執行計畫，在合理範圍之內，價錢由你決定。」

艾維・利說自己可以在十分鐘以內給施瓦布一樣東西，這樣東西可以提高他公司的業績至少五〇％。然後，他給施瓦布一張白紙，對他說：「在這張紙上，寫下你明天要做的六件最重要的事情。」過了一會兒又說：「現在，用數字標明每件事情對於你和你的公司的重要性次序。」這個動作大約花費五分鐘。

艾維・利接著說：「把這張紙放進口袋。明天早上起床以後把這張紙拿出來，做第一件事情。不要看其他事情，只做第一件事情，直至完成為止。然後，用同樣的方法對待第二件事情、第三件事情……直到你下班為止。如果你只做完五件事情，沒有關係，你總是做著最重要的事情。」

艾維・利又說：「每天都要這樣做。你對這種方法的價值深信不疑之後，要求你的員工也這樣做。這個試驗，你想要做多久就做多久，然後寄支票給我，你認為價值多少，就給我多少。」

幾個星期之後，施瓦布寄出一張兩萬五千元的支票給艾維・利，還有一封信。信上說，從金錢的觀點來看，那是他一生中最有價值的一課。後來有人說，五年之後，這個當年不為人知的鋼鐵廠成為世界上最大的鋼鐵廠，艾維・利提出的方法功不可沒，這個方法為查爾斯・施瓦布賺得一億美元。

許多人經常有不按照重要性做事的傾向，只喜歡做令人愉快或是方便的事情，但是沒有其他方法比按照重要性做事更可以有效利用時間。試用這個方法一個月，你會看見令人驚訝的效果。人們會問，你從哪裡得到那麼多精力？但是你知道，自己沒有得到精力，只是學會把精力用在最需要的地方。

妥善安排一天的時間，對於你的成功非常重要。這樣一來，你可以每時每刻集中精力處理事情。妥善安排一個星期、一個月、一年的時間，也是同樣重要的。這樣做，可以給你一個整體方向，使你看到自己的宏圖，有助於你達到目的。每個月開始，檢視這個月的日曆和主要任務，然後把這些任務填入日曆中，規劃完成這些任務的進度。只要這樣做，就不會無意中錯過最後期限或是忘記重要任務。

總是問「為什麼」而成為發明家的愛迪生

在鑄造專家的名單中，大衛・麥克蘭聞名世界，他曾經因為問問題，失去二十個工作。他被辭退的緣故多半是這樣的：

「在一個鑄形中，我們做出五十個鑄物。但是有二十個壞了，我詳細地檢驗成品，並且將所有日期記載在紙上。我們每次用的都是同樣的鑄形，同樣的金屬，所有的程序也相同。然而，總是有一半的鑄物是壞的。我冒險去詢問主管，也許是金屬之中摻雜什麼元素，使之發生變化。」

「好的鑄物中的金屬和壞的鑄物中的金屬一樣嗎？」他問我。

「金屬確實是一樣的，卻無法得到一樣的結果。假如我們可以找出原因，就可以減少許多鑄物的浪費。」我回答。

「主管立刻辭退我，因為我『干涉』他的工作。」

麥克蘭這種喜歡發問的態度，不是他問的事情是錯誤的。他始終堅持發問，最後獲得巨大的成功。他最大的錯誤是找錯人了，找了一個不會回答也不想回答的人。

發問以後卻沒有得到答案，多半表示問錯人了。如果一定要問別人才可以得到答案，就要問一個確實知道答案的人。糾纏那些不知道答案的人是一件愚蠢的事情，只會使他們不高興。

最好的方法，還是自己找出問題的答案。無論什麼問題，如果想要解決，絕對不是拿著別人無知的話語當作最後的決斷。成功者未必可以解決所有問題，但是他們不會因為別人說無法解決，就以為真的無法解決。

愛迪生的一生，從小孩直到老死，沒有停止問：「為什麼？」他雖然沒有將自己的問題都求出答案，然而他得出的答案卻多得驚人。例如：有一天，他在路上遇見一個朋友，看見他手指的關節腫起來。

「為什麼會腫起來？」愛迪生問。

「我不知道原因。」

「為什麼你不知道？醫生知道嗎？」

「每個醫生說的都不同，但是多半的醫生認為是痛風。」

「什麼是痛風？」

「他們告訴我，這是尿酸積淤在骨節裡。」

「既然如此，他們為什麼不從你的骨節中取出尿酸？」

「他們不知道如何取出來。」朋友回答。

這個時候的情形，就像一塊紅布在一隻鬥牛面前搖晃。「為什麼他們不知道如何取出來？」愛迪生生氣地問。

「因為尿酸是無法溶解的。」

「我不相信！」這位世界聞名的科學家回答。

愛迪生回到實驗室，立刻開始試驗尿酸是否可以溶解。他排好一列試管，每個試管灌入四分之一不同的化學液體，每種液體中都放入幾顆尿酸結晶。兩天之後，他看見兩種液體中的尿酸結晶已經溶化了。於是，這位發明家有了新的發現問世，這個發現也很快地傳播出去，現在這兩種液體中的一種在醫治痛風中受到普遍採用。

重要的不是在於是否可以得到答案，而是在於保持一種疑問的態度。創辦美國羊毛公司的威廉·伍德說：「得到真正教育的唯一方法，就是發問。你問一個問題，就是因為你想要知道它的答案，因為你想要知道，所以心裡就會記得。一個隨時產生疑問的頭腦，是一筆很大的財產。」

危機在什麼情況下才可以變成轉機？

冷靜下來，總會有辦法，很多人都是這樣走過來的，做不好比不做更好。

拿破崙．希爾說：「潛能是成功的重磅炸彈。」這句話說得太妙了。潛能是一個人敢於挑戰壓力的保證。你的身上有多少潛能？這個問題的答案，可能只有你知道。

身處絕境或是遇到危險的時候，往往會發揮出不同尋常的潛力。

人們的潛能，就是指大腦潛力和心理能量。每個人都有巨大的潛能可以開發，一般人只使用潛能的十分之一，甚至不到十分之一。也許有人會說：「我已經做得很好，何必再給自己施加壓力？」

沒有壓力就沒有動力，人類的進化被看作是生物進化與文化進化相互作用的結果，而且文化進化的過程越來越顯示人們必須更自信主動。

難道你要拒絕文化進化，拒絕開發自己的潛能嗎？你不想在人生的旅途中進行更令人驚奇的探險嗎？是否記得你在生活中有這樣的一天：自己學到一些新知識，或是出色地完成工作，或是對自己關注的事物有新的發現，腦海裡閃現出靈感的火花、奇妙的構想……這一天，你感到非常愉快和幸福，心中彷彿有一支動聽的歌曲反覆地迴響……

每個人或多或少都有這樣的經歷。這樣的時刻為什麼如此讓人開心？這是因為比平時更善用大腦而帶來的樂趣。想要做到這一點，會有一些壓力和困難，可是如果沒有這些壓力和困難，人生又有什麼樂趣？

我們意識到自己在成長和進步的時候，我們的自信、喜悅、成就感，實質上就是在壓力之下創造出來的「反射物」。

人們的潛能如果被發掘出來，其力量是非常驚人的。在一次火災中，一位上了年紀的婦女竟然可以把一個櫃子從三樓搬到一樓。

火災過後，三個強壯的男人費了九牛二虎之力，勉強把那個櫃子搬回原先的位置。這個時候，眾人請這位婦女再搬一次，她卻怎麼也搬不動了。

事情經常如此，人們在某種壓力的驅使下，可以使自己的體力和耐力達到正常情況下絕對不會出現的程度。一個神經錯亂的人，他發狂的時候，為什麼會有正常情況下不可能有的體力？就是因為人類的身上具有潛在的能量。

人人都能成功

遇到不幸的打擊，壓力可能會使你發現自己身上具備的能力。這個時候，它可以轉化為成就事業的因素，不幸的壓力也可以轉化為成功者的動力。

「危機即轉機」這句話一點也沒錯。壓力也許沉重，但是因為置身於各種競爭之中，反而使我們產生想要比出高低的心態，進而推動自己前進。因此，我們應該善用壓力，讓它變為加速成功的催化劑！

每位成功人士必不可少的四個階段

有些人最大的缺點，就是經常說出「不可能」。對於說這種話的人而言，最保險的方式就是「不可行」。

愛因斯坦曾經被問及他是如何發現「相對論」。他的回答是：「我對一個不可辯駁的原理提出質疑。」朋友們，請把「不可能」這個詞語從你的腦海中抹去吧！如果你面臨一座山峰，其他人想要說服你相信這座山峰無法戰勝，你要制定一個計畫，努力攀爬，然後站在山巔向那些潑冷水的人證明：也許你們做不到，但是有人可以做到！

別人對你選擇的道路提出異議甚至斥責的時候，你必須坦然面對。輸家經常會把怨氣拋向贏家，因為消極與積極總是難以調和。向成功奮進的過程中會經歷四個階段，這四個階段非常有意義，每位成功人士都會經歷。

第一階段：你有一個新想法，但是在這個想法取得成功之前，你會受到許多「務實派人士」的嘲笑。

第二階段：堅持不懈的努力終於修得正果，取得更大的成功。這個時候，你會看見誤解與嫉妒的目光，人們不樂於看到你取得成功。

第三階段：你的成功不斷升級，你始終不渝地為實現目標而努力。這個時候，人們會害怕你，而且這種害怕會變成攻擊。如果你受到強烈的攻擊，絕對不要放棄，因為這表示你距離最終的關卡已經非常近，即將取得最後的成功。

第四階段：如果你繼續堅持下去，就可以實現夢想中的目標。你瘋狂的、不可能的、不尋常的想法成功了！這個時候，那些曾經嘲笑你、嫉妒你、批評你的人，會拍著你的肩膀說：「太棒了！我早就說過，你一定會成功！有一天，你會成為一位名人！」

實現任何目標的兩個最重要原則

快速成長的過程，其實是快速達成目標的過程。

假設有一塊牛排在你的面前，你無法一口吃下去，請問你會放棄吃它嗎？面對令人垂涎欲滴的牛排，沒有人會選擇放棄。只要把它切成小塊，一次吃一塊，就可以把它吃完。

你無法實現自己的目標，就是因為你不會吃牛排——將目標分割。

實際上，無論多大的牛排都可以吃完，只要把它切成小塊，在達成目標的時候也是一樣。

想要實現任何目標，最重要的兩個原則是：第一，要分割目標；第二，要有期限。

設定長期目標以後，立刻將它分割成中期目標、短期目標，立刻問自己：二十年以後要達成目標，十年以後要達成什麼目標，五年以後要達成什麼目標，每年要達成什麼目標，每個月要達成什麼目標，每個星期要達成什麼目標，每天要達成什麼目標。

大目標分割成許多中目標，中目標分割成許多小目標，小目標分割成更多細小而且容易實現的簡單目標。於是，實現目標成為簡單任務。

小目標實現了，中目標也可以實現；中目標實現了，大目標也可以實現。想要實現任何目標不是問題，問題是你分割了嗎，分割得夠不夠細？

大目標的實現，依靠小目標的累積；大成就的達成，依靠小成就的累積。成長就是把每件小事做好。

先從自己設定的短期目標開始做起，然後將它分割到每個星期、每天裡，全力以赴地完成它。每天最重要的事情，就是完成自己當天的目標，只要每天起床的時候告訴自己：「今天最重要的事情，就是完成今天的目標」，你會發現自己可以輕易地達成許多目標。不久，其產生的結果，會讓你感到非常驚訝。

高爾夫運動員每次揮桿之前的心理預演

一位偉大的高爾夫運動員談到自己如何在每次揮桿之前運用心理預演的時候，這樣解釋：「首先，我會欣喜地『看到』自己需要擊打的高爾夫球，那個漂亮的白色小精靈安靜地躺在翠綠的草地上。接著，場景快速轉換，我高興地『看到』小白球在空中飛行的樣子：它的路線、軌跡、外形，甚至它落地的姿態。接下來，頭腦中的場景逐漸消失，現實重回眼前。我堅信，接下來的一擊，一定可以讓頭腦中的那個場景變成現實。」

在心理上模擬自己要執行的任務，以及對成功達成結果的想像，可以提高運動員的成績。同樣地，為了應對一項重要工作而進行的心理預演，也可以提高自己將工作做好的能量。

我們假設，你對自己面對的工作感到恐懼，透過公司的回饋調查，又得到一些不利於自己達成的訊息，就會有一些自卑的表現。這個時候，在內心預演自己完成工作的樂趣，對於自己完成工作來說至關重要。

研究人員發現，如果我們在執行任務的時候，事先在內心對理想結果進行預演，我們的前額葉皮質——大腦的一個部位——就會被全面調動，激發我們去積極地行動。心理預演越充分，任務執行情況就會越好。

每天來到公司以後，我們可以進行以下的練習：

在一張紙上，寫下自己完成工作的樂趣，並且把它貼在座位的右上方。

「我打了五十通陌生拜訪電話，他們愉快地和我暢談工作中需要解決的問題，他們對我的產品很有興趣！」

「我寫完五千字的年度報告，終於搬走這塊大石頭！」

「整理所有曾經合作的客戶名單，表示我又開發許多客戶！」

……

這樣一來，每天上班之後和下班之前，你就會得到它的提醒，讓自己再次注意到自己的目標。

得到它的提醒以後，大腦就會開始執行任務。從某種角度上說，這一切都會自動完成。同時，額外關注對任務的執行有更大的幫助。透過這樣的簡單步驟，你在工作中期望快速達成的信心和渴望就會被無限放大，其效果也會加強許多。

任何一件事情，只要持續在腦海中放映，就可以達到和擁有想要的模式。

成功的人經常想到成功的影像，失敗的人經常想到失敗的影像。

六個成功人士的奮鬥過程

思路決定出路。你的成長思路的關鍵在於：尋找一個正確快捷的成長路徑，然後腳踏實地地前進。

以下是從《成功一定有方法》一書中摘錄下來的六個成功的個人成長路徑：

案例一：從一個普通的中學老師，八年以後成為年薪百萬的總經理。

成功路徑：中學老師↓辭職到某個城市工作↓成為一家知名企業的頂尖銷售員↓跳槽成為另一家公司的銷售員↓銷售主管↓區域經理↓銷售部經理（帶領部門創造一年十億元的業績）↓一家銷售公司的總經理（被獵頭公司推薦，年薪百萬以上）。

案例二：從一個銷售員，到與布希總統同台演講、合影留念。

成功路徑：跨國公司銷售員↓鑽石級以上的銷售高手↓作為演講嘉賓，被邀請到美國參加會議→與布希總統握手，並且合影留念（布希總統也被邀請參加會議）。

案例三：從兩個人的合夥公司，到有政府支持背景的實力機構。

成功路徑：兩人合夥公司→一家機構的專案合夥人（透過朋友介紹）→有政府支持背景的實力機構（利用政府支持背景開發新專案並且運作成功，實力日增）。

案例四：從普通的戲劇演員，到各家電視台的常客。

成功路徑：戲劇演員→金氏世界紀錄保持者（專攻一項絕技）→各家電視台的常客。

案例五：從一個失業者，到外國企業高級主管。

成功路徑：失業→速食店工作→外國企業員工（透過朋友介紹）→外國企業主管（努力工作獲得主管賞識，主管高升，追隨其一路晉升。主管被一家公司高薪挖角，半年以後，主管將其推薦給另一家外國企業）→公司高級主管。

案例六：從一個囚犯，到暢銷書作家。

成功路徑：囚犯（因為貪汙被判刑）→減刑囚犯（獄中表現良好而減刑）→罪犯改造專家（大量閱讀、寫作，撰寫罪犯管理論文，十年以後出獄）→演說家（被司法部門接見，並且結識許多高層人士，到各地監獄巡迴演講，教導犯人如何改過自新）→暢銷書作家。

從以上的案例可以看出許多成功人士的奮鬥過程。無論是從現在開始設計未來，還是按照未來更新設計現在，都要為自己整理出一個清晰的發展思路，以及快捷而明確的成長路徑。思路決定出路。想要找到出路，就要在腦海中理清思路。

第六章

每個人都可以成功的秘訣

明確的目標，就是成功的開始

明確的目標，加上積極的心態，就是成功的開始。

記住，無論你是否願意，世界都會改變。但是，你可以選擇改變的方向。

羅伯特．克里斯多福有明確的目標和積極的心態。

看過朱爾．凡爾納的《環遊世界八十天》之後，他想：「八十天環遊世界！我為什麼不用八十美元環遊世界？只要有信心，任何目標都可以實現。」

他拿出紙和筆，把所有可能遭遇的問題列出來，再把可以解決的部分做記號。

克里斯多福是一位攝影專家，擁有一部性能良好的相機。他制定計畫以後，立刻付諸行動。

（一）和查爾斯．普立茲藥廠簽約，為他們到自己準備前往的國家採集土壤標本。

（二）考取國際駕照，並且準備一份地圖。

（三）收集報紙上徵求船員的廣告。
（四）取得紐約市警察局的良民證。
（五）取得青年旅館的會員證。
（六）接洽同意搭載他橫渡大西洋的公司，條件是為公司拍攝宣傳用的照片。

這個二十六歲的年輕人，搭機飛離紐約，口袋裡只有八十美元。用八十美元環遊世界是他明確的主要目標，以下是他的一些經驗：

（一）在旅館的餐廳吃早餐，為旅館拍攝廚房裡的菜色，賓主盡歡。
（二）在愛爾蘭買了四盒美國香菸，用掉四．八美元。當時，香菸在很多國家可以當作貨幣，作為交易的媒介。
（三）從巴黎搭機飛到越南，送一盒香菸給機長充當機票。
（四）送四包香菸給列車長，讓他搭乘火車，從維也納穿越阿爾卑斯山到瑞士。
（五）搭乘公車到大馬士革。他在敘利亞幫一位警察拍照，對方非常滿意，於是命令公車司機送他到目的地。
（六）為伊拉克快遞公司的總裁及全體員工拍照，讓他從巴格達搭便車到德黑蘭。
（七）曼谷一家高級餐廳的老闆請他吃飯，待他如上賓，因為他提供對方需要的資料：各個地區的詳細解說及地圖。

（八）在船上擔任水手，從日本坐船回到舊金山。

環遊世界八十天，不，羅伯特·克里斯多福花費八十四天。但是他完成目標，只用了八十美元。

熱忱是成功和成就的泉源

熱忱是一種意識狀態，可以鼓舞和激勵一個人對自己的工作採取行動。不僅如此，它也具有感染性，可以對其他人產生重大影響，所有和它接觸的人也會受到影響。熱忱和人們的關係，就像蒸汽和火車頭的關係，它是行動的主要推動力。

人類最偉大的領袖，就是那些知道如何鼓舞自己的追隨者發揮熱忱的人。熱忱也是推銷才能中最重要的因素。把熱忱和工作混合在一起，你的工作就不會顯得辛苦或單調。熱忱可以使你的身體充滿活力，使你在睡眠時間不到平時一半的情況下，工作量達到平時的兩倍或三倍，而且不會覺得疲倦。

多年以來，拿破崙・希爾的寫作大多在晚上進行。有一天晚上，他專注地敲打打字機的時候，偶然從書房的窗戶望出去——他的住處就在紐約市大都會高塔廣場的對面——看到似乎是最怪異的月亮倒影，反射在大都會高塔上。那是一個銀灰色的影子，是他從來沒有見過的。再仔細觀察，拿破崙・希爾發現，那是清晨太陽的倒影，不是月亮的影子，原來已經天亮了。

他工作了一整夜，但是太專注於自己的工作，使得一夜彷彿只是一個小時，一眨眼就過去了。又繼續工作一天一夜，除了中間停下來吃一些清淡食物以外，未曾停下來休息。如果不是對自己的工作充滿熱忱，使身體獲得充分的精力，拿破崙・希爾不可能連續工作一天兩夜，絲毫不覺得疲倦。

「熱忱」不是一個空洞的名詞，它是一種重要的力量，你可以善加利用，使自己獲得好處。熱忱是一股偉大的力量，可以利用它來補充精力，並且塑造堅韌個性。

培養熱忱的過程十分簡單——從事自己最喜歡的工作，或是提供自己最喜歡的服務。如果因為情況特殊，目前無法從事自己最喜歡的工作，也可以選擇另一個有效的方法：把將來從事自己最喜歡的這項工作，當作是自己明確的目標。

拿破崙・希爾評估一個人的時候，總是考察他的才華和能力。但是，他相信考察這個人深藏的熱忱也是很重要的。因為如果你有熱忱，幾乎可以所向無敵。如果你沒有能力，卻有熱忱，還是可以使有才華的人聚集到自己的身邊。如果你沒有資金和設備，卻可以熱情地說服別人，還是有人會回應你的夢想。熱忱是成功和成就的泉源，追求成功的熱忱越強，成功的機率就會越大。

成功人士總結的夢想成真七部曲

所有偉大的事物都是從渺小開始的。

我想要——我將會得到！

亨利・福特，這位偉大的汽車王國的國王就是這樣的人，不斷地確立許多造福人類的偉大目標。

他曾經有一個目標：有一天，要讓每個美國人都有一輛自己的汽車。有一次，他決定製造一個八汽缸引擎，為此首先要有一種可以把八個汽缸組合在一個框架內的機器。他公司的工程師斷言，要把八汽缸引擎組裝成一個整體是根本不可能的事情，但是福特堅持自己的目標。工程師們宣稱這件事情無法做到的時候，他以命令的口吻說：「你們不要再說了！你們去做這件事情，直到找到解決方法為止。時間長一點沒關係，就這樣決定了！」既然這些工程師是福特聘任的並且還想繼續拿到每個月的薪水，老闆說什麼，他們就要做什麼。六個月過去了，一點進展也沒有；又過了六個月，還是一無所獲。工程師們嘗試每一種想到的方法，但是無論怎樣做，還是找不到解決方法。

「繼續做下去！」福特堅決地說：「我想要這種引擎，我將會得到這種引擎！」他不斷地鼓勵這些工程師，使他們全心投入到工作中。奇蹟終於出現了：他們發現這個謎底般的解決方法。

亨利・福特是一位成功人士，因為他知道成功的法則，並且加以運用。其中一個法則就是：不要放棄自己的目標。亨利・福特為我們做出精彩的示範，他制定目標並且朝著這個目標努力，不僅使他賺了許多錢，也因此充實自己的人生，使自己成為一個偉人。

早晨出去散步，會發現一個令人深思的自然現象：冉冉升起的太陽，充滿柔情地用陽光去愛撫高聳的樹冠，給它們披上一層金色的外衣，下面那些樹枝卻依然籠罩在黑夜的陰影中。

你從中得到什麼啟示？做一位頂峰人物吧！頂峰人物就是從一個頂峰走向另一個頂峰的人，他們總是不斷地給自己制定新的目標，並且透過努力使之得以實現，由此也使自己得到尊嚴。

發現你的夢想↓渴望實現這個夢想↓堅信夢想將會實現↓決定實現夢想的行動方式↓鼓起勇氣走出第一步↓堅持不懈↓最終就會收穫成功，使夢想成為現實。

做一個從頂峰邁向頂峰的人吧！一位頂峰人物經常會有與眾不同的見解，尤其是對於一般人喜歡說的「不可能的事情」。

食不果腹的青年畫家如何成功轉型為設計師？

我們邁出人生第一步的時候，一定要有自己正確的目標和方向。

一個人整天餓著肚子，竭盡千般努力，吃盡萬般苦頭，想要成為一位知名畫家。然而，經過幾年的努力，仍然事與願違，許多嘔心瀝血創作的畫作無人問津，還是一個口袋空空的畫家。

這個時候，他終於意識到，自己的想法和做法不切實際，必須改變努力的方向，找到適合自己的生存方式，才可以實現成為知名畫家的夢想。

他經過觀察發現，德國一般的傳統家庭，非常重視全家人在一起的聚餐，並且以此作為親情交流溝通的美好時光。

為了營造共進晚餐的氣氛，雖然食物只是一些麵包、果醬、香腸，但是場面絕對高貴典雅，最有特色的是這樣的晚餐——鋪上藝術餐巾紙，並且根據不同的天氣、當天的幸運色、不同的節日，挑選適合的藝術餐巾紙。如果是喝茶，就配上東方茶具和東方圖案的餐巾紙；如果是喝咖啡，就配上印有咖啡豆的餐巾紙。

因此在德國，十張一包的藝術餐巾紙的價格一般都是五歐元，而且賣得很好。

這個時候，他有自己的想法，決定改變自己藝術追求的方向。

他成立自己的餐巾紙設計公司，將法國人的浪漫充分表現在自己的紙巾設計作品中，將德國人的嚴謹應用到自己的企業管理工作中。

經過十幾年的努力，他終於從一個食不果腹的畫家，成功地轉型為一位設計師，尤其在藝術餐巾紙的設計和銷售方面，更是名聲遠揚。

現在，他正在考慮如何實現多年以來想要成為知名畫家的夢想，也想要建立一個屬於自己的博物館，將自己設計的藝術餐巾紙全部陳列出來，讓人們參觀和收藏。

在實現成功目標的努力中，很多時候，除了頑強鬥志和不懈奮進以外，更需要正確的方向。只顧低頭拉車，不知抬頭看路，永遠無法到達自己的目的地。

比塞爾是西撒哈拉沙漠中的一顆明珠，每年有數以萬計的遊客來到這裡。可是在肯・萊文發現它之前，這裡還是一個封閉落後的地方。這裡的人沒有一個走出沙漠，據說不是他們不想離開這片貧瘠的土地，而是嘗試很多次都沒有走出去。

肯・萊文當然不相信這種說法。

他用手語向這裡的人詢問原因，結果每個人的回答都一樣：無論往哪個方向走，最後都會回到出發的地方。為了證實這種說法，他進行一次試驗，從比塞爾村向北走，結果三天半就走出來了。

比塞爾人為什麼走不出來？

肯・萊文非常納悶，他雇了一個比塞爾人，讓他帶路，看看到底是為什麼？

他們帶了半個月的水，牽了兩頭駱駝，肯・萊文收起指南針等現代設備跟在後面。

十天過去了，他們走了大約八百六十英里的路程，第十一天的早晨，他們果然又回到比塞爾。

這一次，肯・萊文終於明白了，比塞爾人之所以走不出沙漠，是因為他們根本不認識北斗星。在一望無際的沙漠裡，一個人如果憑著感覺往前走，會走出許多大小不一的圓圈，最後的蹤跡十有八九是一把捲尺的形狀。

比塞爾村處於浩瀚的沙漠中央，方圓上千公里沒有任何參照物，如果不認識北斗星又沒有指南針，想要走出沙漠，確實是不可能的。

肯・萊文離開比塞爾的時候，帶了一位青年，就是上次和他合作的人。

他告訴這位青年，只要白天休息，晚上朝著北方那顆星走，就可以走出沙漠。

青年依照他的話去做，三天之後，果然來到沙漠的邊緣。

青年因此成為比塞爾的開拓者，今天，他的銅像被豎立在小城的中央。

銅像的底座上刻著一行字：新生活是從選定方向開始的。

到底是什麼原因，使人們無法成功？

許多人埋頭苦幹，卻不知所為何來，最後發現追求成功的階梯搭錯邊，卻為時已晚。我們必須掌握真正的目標，並且擬定目標的過程，澄明思慮，凝聚繼續向前的力量。

你是否有一個目標？

你必須有一個目標，因為你無法達到自己未曾有過的目標，就像要你從一個從未到過的地方回來一樣。

除非你有確實、固定、清楚的目標，否則無法察覺到內在最大的潛能，永遠只是「徘徊的普通人」之中的一個，儘管你可以是一個「有意義的特殊人物」。

一個沒有目標的人，就像一艘沒有舵的船，永遠漂流不定，只會到達失望、失敗的海灘。

前美國財務顧問協會的總裁路易斯・沃克曾經接受一位記者訪問關於穩健投資計畫的基礎。他們聊了一會兒以後，記者問：「到底是什麼原因，使人們無法成功？」沃克回答：「模糊不清的目標。」

記者請沃克進行解釋，他說：「我在幾分鐘以前問你：『你的目標是什麼？』你說，希望有一天可以擁有一間山上的小屋，這就是一個模糊不清的目標，問題就是『有一天』不夠明確，因為不夠明確，所以成功的機會不大。」

「如果你真的希望在山上買一間小屋，你必須先找出那座山，找出你想要的小屋現值，然後考慮通貨膨脹，算出五年以後這間小屋價值多少錢；接著你必須決定，為了達到這個目標，每個月要存多少錢。如果你真的這麼做，可能在不久的將來就會擁有一間山上的小屋，如果你只是說說，夢想就可能不會實現。夢想是愉快的，但是沒有配合實際行動計畫的模糊夢想，只是妄想。」

有一個妻子叫丈夫去商店買火腿，他買回來以後，妻子問他為什麼不叫肉販把火腿的末端切掉。

丈夫反問妻子為什麼要把末端切掉，妻子說她的母親就是這麼做的，這就是理由。

這個時候，岳母正好來訪，他們問她為什麼總是切下火腿的末端，母親回答她的母親也是這麼做的。

母親、女兒、女婿決定拜訪外祖母，解決這個流傳三代的神秘之謎。外祖母很快地回答，

人人都能成功

自己切下火腿的末端是因為烤爐太小，無法放進整條火腿。

你做任何事情都有自己的理由嗎？

在你的一生中，曾經有「明確的目標」嗎？

你的目標是具體、空泛的，還是長期、短期的？

拿破崙．希爾告訴我們：目標必須是長期的、特定的、具體的、遠大的。

一個窮小子如何用才華征服美國？

四十多年以前，一個流氓搭乘一輛貨車來到弗羅城，開始挨家挨戶乞討的生活。一位警察把他當作無賴逮捕，法官判他在監獄中做三十天的苦工。他每天都要開山劈石，除了少量的麵包和水維持生計以外，其餘什麼也沒有。

但是六年以後，這個流氓，這個以前的酒鬼、惡棍，竟然成為美國西部沿海最受歡迎的人，被譽為文學界一顆燦爛的明星。

他就是傑克·倫敦，《熱愛生命》的作者。

傑克·倫敦在他短暫而漂泊的一生中，累積無限豐富的人生經歷：他做過水手，做過碼頭工人，做過牡蠣灣的海盜，還做過金礦工人，在北極地區獵過海豹。他飄蕩了半個地球，不僅在美國被送進監獄數十次，也飽嘗過墨西哥、中國、日本、韓國等地的鐵窗滋味。

十九歲以前，傑克・倫敦從未進過中學，他把大多數的時間用在偷盜等勾當上。有一天，他漫不經心地走進圖書館裡拿起《魯賓遜漂流記》的時候，一個新的世界展現在他的面前……從此，他開始如饑似渴地讀書，每天都要讀十～十五個小時，從荷馬到莎士比亞，從赫伯特・史賓塞到莫泊桑等人的所有著作，他都不放過。十九歲的時候，他立下成為一位作家的志向，決定為此不懈奮鬥。於是，十九歲的傑克・倫敦進入加州的一所中學。他十分刻苦地學習，也因此有顯著的進步，只用了三個月的時間就把四年的課程念完了，通過考試以後，他進入加州大學。

他渴望成為一位偉大的作家，在這個志向的驅使下，他一遍又一遍地閱讀《金銀島》、《基督山恩仇記》、《雙城記》等書，隨後認真地寫作。他每天寫五千字，也就是說，他可以用二十天的時間完成一部中篇小說。有時候，他會一次寄三十篇小說給編輯們，但是它們全部被退回來。

此後，他一直在貧困中掙扎，在飯店刷洗盤子、擦洗地板，也在碼頭和工廠做過苦力，但是他始終沒有放棄成為一位作家的夢想。皇天不負苦心人，一九〇三年，他有六部長篇小說和十二部短篇小說問世，成為美國文學界最知名的人物之一。

一個窮小子終於以自己耀眼的才華征服美國。從傑克・倫敦的身上，我們不難看出其卓絕的才華是怎麼產生的。

第一，有強烈的願望；

第二，勤奮刻苦地求知；

第三，鍥而不捨的執著追求。

在上述「造就才華」的三個條件中，願望佔據首要的位置，它是才華的源頭，人們的才華都是從這個偉大的源頭汩汩湧出。

只有懷抱強烈的願望，才可以將內在的才華激發出來，使其可以服務社會、造福人類。

不是有願望以後就可以催生才華，才華要有深厚的知識為基礎，因此勤奮苦學是獲得才華不可或缺的重要一環。

邱吉爾首相的三個成功秘訣

邱吉爾在一次「成功秘訣」講座演講的時候說：「我的成功秘訣有三個：第一是，絕不放棄；第二是，絕不、絕不放棄；第三是，絕不、絕不、絕對不能放棄！」

只有那些意志堅強、遇到困難不輕言放棄的人，才有可能獲得成功。

著名的南非黑人領袖曼德拉是一個不輕言放棄的人，他的成功就是因為他有超乎常人的意志和毅力。

曼德拉出身於泰姆布族人王族，他的父親是泰姆布族人酋長的首席顧問，按照他父親和酋長的想法，是要把他培養成酋長。

他二十二歲的時候，認識到自己要被培養成酋長，但是他已經下定決心，絕對不做統治壓迫民族的事情。他逃跑了，以此拒絕將來擔任酋長，他想要成為一位律師。

黑人嚴峻的生活環境，以及被曼德拉稱為「瘋狂的政策」的種族隔離，使曼德拉開始一生為解放黑人而進行的反抗。

曼德拉參與「青年聯盟」，領導全國反歧視運動，組織黑人對白人的反抗。

後來，他以莫須有的「叛國罪」被判處終身監禁。

面對監禁，他說：「在監獄中受難與監獄外面相比算不了什麼。我們的人民正在監獄外面受難，但只是受難還不夠，我們必須反抗。」

他沒有妥協，沒有退縮，在監獄中堅持反抗。

他拒絕南非政府提出的釋放條件——只要放棄反抗，就會給他自由。他說：「我的自由與南非人民的自由在一起。」

曼德拉被南非政府監禁二十八年，但是他對理想的追求矢志不移。

曼德拉的理想是崇高的，實現這個理想更是困難重重，但是他經歷那麼多的折磨和苦難，絲毫沒有改變自己的信念。

他這種不達目的絕不放棄的決心與意志，幫助他戰勝敵人，也戰勝自己。

「永不放棄」不是目的，成功才是最終目的。

每次失敗以後，都要檢討、總結、改正、調整，只有這樣，才可以使失敗成為前進的階梯。成功的過程，就是不斷克服失敗的過程。失敗不是來阻擋我們的，而是來幫助我們的。失敗會告訴我們，怎樣做才可以獲得成功。

確立理想以後，就要全力去奮鬥，這是一個人生的選擇，我們就是為此而存在，不要輕言放棄。

不輕言放棄，是對我們意志的考驗，我們的意志可以堅持下去，是因為自己的理想是有價值的、有意義的、崇高而偉大的；自己的理想是建立在科學的基礎上，是可以實現的；自己的理想可以表現自己的價值，可以充分發揮自己的潛能。

正是這些原因，使我們可以產生頑強的意志，克服許多困難，直到獲得成功。

記住，只要選擇自己的理想，就不要輕言放棄。

二十歲出頭的洛克菲勒怎樣做生意？

想要成就自己的事業，必須學會等待時機，耐心等待是制勝的前提。

在美國賓夕法尼亞州發現石油以後，成千上萬的人像當初採金熱潮一樣湧向採油區。一時之間，賓夕法尼亞州的土地上井架林立，原油產量飛速上升。

克里夫蘭的商人們對這個新行業也怦然心動，他們推選年輕有為的經銷商洛克菲勒去賓州原油產地親自調查，以獲得直接而可靠的資訊。

經過幾日的長途跋涉，洛克菲勒來到產油地區，眼前的景象令他觸目驚心：到處是高聳的井架、凌亂簡陋的小木屋、奇怪模樣的挖井設備和儲油罐，一片烏煙瘴氣，混亂不堪。這種狀況讓洛克菲勒感到有些沮喪，透過表面的繁榮景象，他看到盲目開採背後潛藏的危機。

冷靜的洛克菲勒沒有急於回去向克里夫蘭的商界報告調查結果，而是在產油地區的美利堅飯店住下來，進一步做實地考察。他每天注意報紙上的市場行情，安靜地傾聽焦躁又喋喋不休的石油商人的敘述，認真地記錄所有情況。他自己惜字如金，沒有透露任何想法。

經過一段時間的考察，他回到克里夫蘭，建議商人不要在原油生產上投資，因為那裡已經有七十二座油井，每日出產石油一百三十五桶，但是石油需求有限，油市的行情必定下跌，這是盲目開採的必然結果。

果然，不出洛克菲勒所料，由於瘋狂地開採，導致油價不斷下跌，每桶原油從當初的二十美元暴跌到十美元，那些鑽油先鋒全部敗下陣來。

三年以後，原油持續下跌之時，洛克菲勒認為投資石油的時候到了，出乎一般人的意料。他與克拉克共同投資四十萬美元，與一個在煉油廠工作的英國人安德魯斯合夥開設一家煉油廠。安德魯斯採用一種新技術提煉煤油，使安德魯斯・克拉克公司迅速發展。

這個時候，洛克菲勒儘管才二十歲出頭，做生意已經頗為老練。他欣賞那些獲得冠軍的馬拉松選手的策略，即讓別人打頭陣，看準時機來個出其不意，後來居上最明智。他在耐心等待、冷靜觀察一段時間以後，決定放手去做。

美國商業鉅子約翰・甘布士給年輕人的公開信

不放棄任何一個機會，即使只有一%的可能性。

那些自以為是的傢伙們對此可能不屑一顧，其理由是：第一，希望微小的機會，實現的可能性不大；第二，如果追求只有一%的機會，不如買一張彩券碰運氣；第三，根據以上兩點，只有傻瓜才會相信一%的機會。

約翰・甘布士不這樣認為，他相信一%的機會，並且善於抓住這種機會，因此可以走出逆境，取得成功。

有一次，約翰・甘布士所在地區的經濟陷入蕭條，許多工廠和商店紛紛倒閉，被迫賤價拋售自己堆積如山的存貨，價錢低到一美元可以買到一百雙襪子。

那個時候，約翰・甘布士是一家織造廠的技師，他立刻把自己積蓄的錢用於收購低價貨物，人們見到他這股傻勁，公然嘲笑他是一個蠢材。

約翰・甘布士對別人的嘲笑漠然置之，繼續收購工廠拋售的貨物，並且租下一個很大的倉庫來儲存貨物。

他的妻子勸他，不要購入這些別人廉價拋售的東西，因為他們歷年積蓄下來的錢數量有限，而且是準備用作孩子未來的教育經費。如果此舉血本無歸，後果不堪設想。對於妻子憂心忡忡的勸告，甘布士笑著安慰她：「三個月以後，我們就可以依靠這些廉價貨物發財。」

甘布士的話似乎無法實現，過了十多天以後，那些工廠賤價拋售也找不到買主，就把所有存貨用貨車運走燒掉，以此穩定市場上的物價。

妻子看到別人已經在焚燒貨物，不由得焦急萬分，開始抱怨甘布士。對於妻子的抱怨，甘布士一言不發。

終於，為了防止經濟形勢惡化，美國政府採取緊急行動，穩定甘布士所在地區的物價，並且大力支持那裡的廠商復業。這個時候，當地因為焚燒的貨物過多，欠缺存貨，物價不斷地上漲。約翰・甘布士立刻把自己庫存的大量貨物拋售出去，賺了一大筆錢，也使市場物價得以穩定，不致暴漲不斷。在他決定拋售貨物的時候，他的妻子又勸他暫時不要拋售貨物，因為物價還在不斷地上漲。

他平靜地說：「是拋售的時候了，再拖延一段時間，就會後悔莫及。」

果然，甘布士的存貨剛售完，物價立刻下跌，他的妻子對他的遠見欽佩不已。後來，甘布士用這筆賺來的錢，開設五家百貨商店，生意十分興隆。再後來，甘布士成為美國舉足輕重的商業鉅子。

他在一封給年輕人的公開信中誠懇地說：「親愛的朋友，我認為你們應該重視一%的機會，因為它可以為你帶來意想不到的成功。有人說，這種做法是傻瓜的行為，比買彩券的希望更渺茫。這種觀點有失偏頗，因為開獎是由別人決定，不是由你決定；但是這種一%的機會，完全是依靠你自己的努力去完成。」

茫茫世界風雲變幻，漫漫人生沉浮不定，未來的風景卻隱藏在迷霧中，向那裡前進，有坎坷的山路，也有陰晦的沼澤，雖然很危險，卻是在有限的人生中通往成功與幸福的捷徑。你的才華、你的能力，只有透過冒險，克服許多困難，才可以鍛鍊和展現出來。

全世界富人和窮人的最大差別

富人和窮人最大的差別，就是在於二十四小時之中，他們做出不同的事情。

在同行業裡找一個學習的榜樣，這個榜樣最好是世界級的。只有在世界級頂尖人物所在的環境中，跟最頂尖的人學習，才可以讓自己更快地突破。

只有跟第一名學習，才可以使自己成為第一名，第二名只能分享第二名的經驗給你。

學習成功榜樣的時候，要讓自己進入成功的環境中，跟著成功者學習。

借助他們成功的經驗，在自己的身上實踐，可以在非常短的時間內產生非常大的效應。

跟成功者在一起，因為他們非常熱情，非常具有行動力，和他們在一起的時候，你不行動都不行，你不熱情都不行。

一般說來，一個人想要成功，必須經過三個步驟：

第一步是幫助成功者工作。每個成功的人最初都是跟著成功者學習，幫助成功者工作。透過幫助成功者工作，開始學習快速成功的有效方法，自己才可以成功。如果只是依靠自己去學習，成長的速度會很慢，這不是最好的學習方法。

第二步是與成功者合作。強者和強者聯合才會更強，與弱者合作只會使自己變得更弱。成功的人喜歡和成功的人合作，因為只有這樣才可以更快成功。

第三步是找成功者幫助自己工作。世界首富比爾‧蓋茲認為，微軟的成功主要歸功於匯聚英才，並且讓這些英才一直努力、努力、再努力。

有些人無法成功，是因為他們沒有幫助成功者工作的態度，總是想要自己發明、自己創造成功方法。

事實上，還沒有自己成功的模式之前，自己發明和創造的方法，效果是有限的。我們必須運用一個非常有效的成功方法，使自己快速成長。

在最短的時間內創造最大的效果，然後加以創新、改革，才可以創造自己的風格。

先模仿，然後創新，只有這樣，才可以在市場立足，才可以在最短的時間內達到理想的目標。

鋼鐵大王安德魯‧卡內基經常模仿洛克菲勒、摩根以及其他金融鉅子，留意他們的一舉一動，研究他們的信念，模仿他們的做法和行為，終於使自己成為世界級富豪。

吸收和總結一些行業中頂尖人物的經驗和教訓，加以複製、模仿、創新，畢竟我們生活的是一個變化與危機同在的世界。

為什麼同一筆生意，有人失敗也有人成功？

風險等於危險。每次商業交易，就是一次智慧的較量。聰明的商人從來不給愚蠢的商人機會，他們會事先瞭解對方的實力與信譽，也瞭解自己的實力與可能會面臨的風險。他們的膽識與冒險是建立在可靠的資訊基礎上，他們這樣理智的決策可以避免發生嚴重的失誤。

有一個農夫，莊稼種得很好，生活過得很愜意。村子裡的人都說他聰明，有人斷言只要他願意做生意，一定可以發大財。

農夫開始心動了，於是和妻子商量要做生意。妻子是一個明白人，知道他不是做生意的料，勸他打消這個念頭。

但是農夫心意已決，妻子怎麼說都不行。眼見勸說無用，妻子說：「做生意總要有本錢，你明天把家中的一隻山羊和一頭驢子牽進城裡賣掉吧！」妻子說完就回娘家了，找來三個人，對他們如此這般地叮囑一番。

第二天，農夫高興地上路了，他的妻子找來幫忙的人偷偷地跟在他的後面。

農夫貪睡，第一個人趁他在驢背上打盹之際，把山羊脖子上的鈴鐺解下來，繫在驢子的尾巴上，把山羊牽走了。

不久，農夫一回頭，發現山羊不見了，忙著尋找。這個時候，第二個人走過來，熱心地問他找什麼。

農夫說山羊被人偷走了，問他有沒有看見。第二個人隨便一指，說看見一個人牽著一隻山羊從樹林中走過去，一定是那個人，趕快去追吧！

農夫急著去追山羊，把驢子交給這位「好心人」看管。他空著手回來的時候，驢子與「好心人」都失去蹤影。

農夫非常傷心，一邊走一邊哭。他來到一個水池旁邊的時候，發現一個人坐在水池旁邊，哭得比他還要傷心。

農夫覺得奇怪：「還有比我更倒楣的人嗎？」就問那個人哭什麼。

那個人告訴農夫，他帶著一袋金幣去城裡買東西，走到水池旁邊休息，不小心把袋子掉進水池裡。農夫說：「趕快下去撈啊！」那個人說自己不會游泳，如果農夫幫他撈上來，願意送給他二十個金幣。

農夫一聽，喜出望外，心想：雖然丟了山羊和驢子，卻可以得到二十個金幣，何樂而不為啊？他立刻脫掉衣服跳進水池。他空著手從水池裡爬上岸，他的衣服和食物不見了，只剩下一點錢也在衣服口袋裡……

農夫回到家，驚訝地發現山羊和驢子竟然還在家中。他的妻子說：「情況未明之時疏忽大意，出現意外以後驚慌失措，造成損失以後急於彌補。你無法預料到這些基本的風險，怎麼可能在商海裡征戰，還是老實地在家中種田吧！」

農夫的妻子說得很好。對於自己不熟悉的領域，如果沒有足夠的才華與能力，就不要輕易涉足，否則除了失敗，沒有第二個結局。為什麼同一筆生意，有人失敗也有人成功？原因就在這裡。

風險等於危險。只有掌握對手所有的資料以後，經過分析論證，透過雙方實力對比，以及瞭解所有可能存在的漏洞以後，才可以完成交易。如果對方試圖設下圈套，聰明的商人會步步緊逼，消除所有的隱患，不給對方製造麻煩的機會。

你的名字勝過一支軍隊

約翰・亞當斯是美國歷史上第二任總統，為美國的獨立立下汗馬功勞。亞當斯接替華盛頓就任總統的時候，美國面臨與法國關係破裂的危險。到了一七九七年年底，兩國處於劍拔弩張、一觸即發的交戰前夕。常識告訴亞當斯，想要打勝仗，必須要有得力的統帥指揮。很多人勸他親自率領軍隊，但是他認為自己不具有軍事上的才能。思來想去，他認為華盛頓是唯一可以喚起美國軍魂、團結美國人民的統帥。

最後，他下定決心請華盛頓復出。亞當斯的親信們得知以後，一致表示反對。他們認為，如果華盛頓復出，會再次喚起人民對他的崇敬和留戀，這樣會對亞當斯的聲望和地位造成威脅。千軍易得，一將難求。亞當斯毫不動搖，認為國家的利益和命運高於一切。他授權漢彌爾頓，立刻寫了一封信給華盛頓，請求他再次擔任大陸軍總司令，指揮美軍打敗入侵者。

與此同時，他親自寫了一封信給華盛頓，信中誠懇地寫道：「我不得已要組織一支軍隊的時候，我不確定應該起用有經驗的將領，還是起用一批新人，為此我必須隨時向你求教。如果你允許，我們必須借用你的名字去動員民眾，因為你的名字勝過一支軍隊。」華盛頓收到信以後非常感動，表示願意立刻負起重任。

幸運的是，就在華盛頓準備率軍出征的前夕，亞當斯終於透過外交斡旋的途徑，與法國達成和解。

這件事情被美國人民傳為佳話，亞當斯的正直與豁達也被廣為傳誦。

後來，有一位著名的記者採訪他，問：「你為什麼不怕華盛頓復出會再次喚起人民對他的崇敬和留戀，進而威脅你的聲望和地位？為什麼敢於起用比自己更優秀的人？」

亞當斯沒有直接回答，而是對這位記者講述自己少年時期的一件往事。

「年幼的時候，父親要我學習拉丁文。那個玩意兒真是無聊，我非常痛恨。因此，我對父親說，我不喜歡拉丁文，是否可以換一件事情做？」

「好啊！約翰，」父親說，「你去挖水溝吧，牧場需要一條灌溉通道。」

於是，亞當斯就到牧場去挖水溝。可是那天晚上，他就後悔了，他的身體疲憊不堪。但是他的傲氣不減，不願意認錯。於是，他咬緊牙關，又挖了一天。

傍晚時分，他只好承認：「疲憊壓倒了我的傲氣。」他終於回到學習拉丁文的課堂上。

在以後的歲月裡，亞當斯永遠記得從挖水溝這件事情中得到的教訓：必須承認人有所長，也有所短；人有所能，也有所不能。認為自己樣樣精通，實際上是不自量力。

正是因為亞當斯知人善任，才可以憑藉眾多的優秀人才，尤其是憑藉那些比自己更優秀的人才，一步一步地登上成功的巔峰。

比海洋更廣闊的是天空，比天空更廣闊的是人們的胸懷。一個人，沒有恢宏的氣度，沒有用人唯才的膽識，註定無法成就偉大的事業！

一個潦倒的銷售員變成百萬富翁的心得

每個人都有自己的安全區域，想要超越自己現在的成就，就不要畫地自限。只有勇於接受挑戰充實自己，才可以超越自己，發展得比想像中更好。

有一個生活非常潦倒的銷售員，每天抱怨自己「懷才不遇」，命運在捉弄自己。聖誕節前夕，家家戶戶張燈結綵，充滿佳節的熱鬧氣氛。他坐在公園的椅子上，開始回顧往事。去年的今天，他孤單一人，以酗酒度過自己的聖誕節，沒有新衣，也沒有新鞋，更不用談新車子、新房子。

「唉！今年我又要穿著這雙舊鞋子度過聖誕節！」說著，他準備脫掉穿著的舊鞋子。

這個時候，他看見一個年輕人自己推著輪椅走過，他立刻頓悟了：

「我有鞋子穿是多麼幸福，他沒有機會穿鞋子啊！」

經過這次頓悟，這個銷售員脫去自己萎靡不振的外皮，從此脫胎換骨，發憤圖強，力爭上游。不久，他因為銷售成績很好而多次得到加薪。後來，他創辦自己的銷售公司，最終成為一位百萬富翁。

面對挫折，面對沮喪，我們必須堅持下去。看不見光明和希望，卻仍然孤獨而堅韌地奮鬥，這才是成功者的素質。只有這樣，才可以超越自己，成就自己。

愛迪生研究電燈的時候，工作難度非常大，一千六百種材料被他製作成各種形狀，用作燈絲，效果不理想，不是壽命太短，就是成本太高，或是太脆弱，工人們無法把它裝進燈泡，全世界都在等待他的成果。半年以後，人們失去耐心了，《紐約先驅報》說：「愛迪生的失敗，現在已經完全被證實。這個感情衝動的傢伙，從去年秋天就開始研究電燈，他以為這是一個完全新穎的問題，他相信已經獲得別人沒有想到的用電發光的方法。可是，紐約的著名電學家們都相信，愛迪生的路走錯了。」

愛迪生不為所動，繼續自己的實驗。英國皇家郵政部的電機師普利斯在公開演講中質疑愛迪生，他認為把電流分到千家萬戶，並且用電錶來計量，是一種幻想。人們還在用煤氣燈照明，煤氣公司竭力說服人們：愛迪生是一個吹牛不打草稿的騙子。很多正統的科學家認為他是異想天開，有人說：「不管愛迪生有多少電燈，只要有一個壽命超過二十分鐘，我情願付一百美元，有多少買多少。」有人說：「這樣的電燈，即使做出來，我們也點不起。」進行這項研究一年之後，他終於做出可以持續照明四十五小時的電燈，完成對自己的超越。

透過自己的堅持和努力，愛迪生不僅促成自己的蛻變，樹立自己在世人心目中偉大的發明家地位，而且促成人類生活方式的巨大改變。正是因為有他的這項發明，人類真正進入電氣時代。

對自己或是對工作不滿的人，首先要把自己想像成理想中的自己，並且擁有很好的工作機會。然後，假定現在的自己和工作與想像中的一樣，再採取行動。如果耐心地進行這種自我改造，就可以發揮自己具有的精神力量，使自己和工作完全按照理想的模樣發生改變，進而取得成功。

一種有效卻容易被忽視的幫助來源

哈特瑞爾是一位知名演說家，小時候生活在德州東部的一條鐵路旁。有一次，他與兩個朋友在一段廢棄的鐵軌上行走，其中一個身材普通，另一個是一個胖子。

孩子們互相競賽，看誰在鐵軌上走得最遠，哈特瑞爾和比較瘦的朋友走了幾步就跌下來，比較胖的朋友卻走得很遠。

最後，在好奇心的驅使下，他想要知道其中的秘訣。那個比較胖的朋友說，哈特瑞爾和另一個朋友在鐵軌上的時候，只看著自己的腳，所以跌下來了。

他因為自己太胖以至於看不到自己的腳，只能選擇鐵軌上遠處的一個目標（一個長期目標），並且朝著目標走。

接近目標的時候，他又選擇另一個目標（可以盡量走到自己看見的那麼遠的地方，到達那裡的時候，是否可以看得更遠），然後走向新目標。

胖男孩帶有哲學意味地說，如果只看著自己的腳，看到的只是鐵鏽和發出異味的植物。此外，看到鐵軌上某一段距離的目標的時候，就可以真正地看到目標完成。

除此之外，如果哈特瑞爾和他的朋友在兩條鐵軌上手牽著手一起行走，可以不停地走下去而不會跌倒，這就是合作的可貴。

幫助別人獲得他們需要的事物，你也可以因此得到想要的事物，而且幫助的越多，得到的越多。

加拿大雁非常瞭解合作的價值，牠們經常以V字形飛行，而且V字形的一邊比另一邊長，V字形的一邊比另一邊長的理由是：因為有比較多的雁。

這些雁定期變換領導者，因為為首的雁在前面開路，可以幫助左右兩邊的雁造成局部的真空。科學家曾經在風洞試驗中發現，成群的雁以V字形飛行比一隻雁單獨飛行，可以多飛十二%的距離。人類也是一樣，只要可以與同伴合作，而不是彼此爭鬥，就可以飛得更高、更遠，而且更快。

一種有效卻容易被忽視的幫助來源是家庭，尤其是配偶。

如果妻子和丈夫並肩工作，而不是隨便應付，就可以更快地達成目標，而且會在達成目標的過程中獲得更多的樂趣。

如果你的配偶在開始的時候無法分享你的熱忱，你不必感到驚訝或失望。把你的想法推銷給對方，讓你的配偶知道可以擁有他或她的合作與興趣是多麼重要的事情，而且在這種過程中，你們都會有收穫。

這種緊密的結合與共同的興趣非常重要，因為這樣可以使自己建立有意義的關係，這也是一個美麗的目標。

我成功了！因為我比任何人更努力

全世界最偉大的籃球運動員麥可・喬丹率領公牛隊獲得兩次三連冠以後，毅然決定退出籃壇，因為他已經得到籃球運動史上最多的個人紀錄與團隊紀錄，可以說是二十世紀最偉大的運動員。

發表退役感言的時候，麥可・喬丹說：「我成功了！因為我比任何人更努力。」

喬丹不只比任何人更努力，在他已經到達巔峰的時候，他甚至比以前更努力，不斷地突破自己的極限與紀錄。

在公牛隊練球的時候，他的練習時間比任何人更長，據說他除了睡覺時間之外，一天只休息兩個小時，剩下的時間全部用於練球。

有些籃球運動員經常在罰球的時候投不進，如果他們也像喬丹一樣，一天只休息兩個小時，其餘時間全部站在罰球線練球，這樣持續一年，罰球的能力一定會提高。

人人都能成功

在美國，有一個賣汽車的業務員，銷售成績總是排名第一。

有人問他：「你的業績為什麼這麼好？」他回答：「因為我隨時都在想辦法比第二名多賣一輛車。」

這麼簡單的方法，告訴我們一個成功的道理——永遠比第一名更努力。

立刻放棄「成功不需要努力」的想法，努力去做所有可以幫助自己成功的事情！努力尋找成功的方法，努力閱讀與學習，努力採取行動！比自己的競爭對手更努力，比任何人更努力，比第一名更努力，就可以獲得成功！

心學堂 18

人人都能成功

作者　拿破崙・希爾
譯者　李慧泉
美術構成　騾賴耙工作室
封面設計　九角文化/設計
發行人　羅清維
企劃執行　張緯倫、林義傑
責任行政　陳淑貞

企劃出版　海鷹文化
出版登記　行政院新聞局局版北市業字第780號
發行部　台北市信義區林口街54-4號1樓
電話　02-2727-3008
傳真　02-2727-0603
E-mail　seadove.book@msa.hinet.net

總經銷　知遠文化事業有限公司
地址　新北市深坑區北深路三段155巷25號5樓
電話　02-2664-8800
傳真　02-2664-8801
網址　www.booknews.com.tw

香港總經銷　和平圖書有限公司
地址　香港柴灣嘉業街12號百樂門大廈17樓
電話　（852）2804-6687
傳真　（852）2804-6409

CVS總代理　美璟文化有限公司
電話　02-2723-9968
E-mail　net@uth.com.tw

出版日期　2022年09月01日　一版一刷
定價　280元
郵政劃撥　18989626　戶名：海鴿文化出版圖書有限公司

國家圖書館出版品預行編目（CIP）資料

人人都能成功 ／ 拿破崙・希爾作 ； 李慧泉譯.
-- 一版. -- 臺北市 ： 海鴿文化，2022.09
面 ； 公分. --（心學堂；18）
ISBN 978-986-392-464-7（平裝）

1. 成功法

177.2　　111011870